Mata al vendedor:

Despídete de las técnicas manipuladoras, transfórmate en un **Personal Seller** y escapa de las garras de una profesión a punto de morir.

Sobre mí y mis obscuros motivos para ayudarte.

Somos el lugar de donde venimos, somos aquellas personas con las que nos hemos cruzado, somos los viajes que hemos hecho, lo que hemos leído, lo que hemos vivido, somos todas las decisiones que tomamos: cada detalle, por insignificante que parezca, nos ha traído al lugar en donde hoy estamos. El futuro será el resultado de lo que hagamos desde este lugar donde estamos parados hoy, y no podemos trabajar sobre el hoy sin comprenderlo, sin asomarnos al ayer.

Es por esto que siempre, antes de ponerme de golpe a hablar de ventas, creo que es básico que sepas de donde salí, cual es mi historia (hasta ahora). Una historia que muy probablemente no será muy distinta de la tuya, una historia que sin ser excepcional ha sido mi propia plataforma para construir cosas excepcionales. Una historia de aprendizajes (por no decir un par de madrazos), decisiones y crecimiento. Una historia que se seguirá escribiendo con las experiencias y el aprendizaje que se acumulan con el día a día.

Esta historia también te puede ayudarte a comprender lo que este libro va a hacer por ti a la hora de triplicar tus ventas. Un gran vendedor no nace, se hace y, en el camino, tropieza y aprende. Yo estoy aquí para compartir contigo mi historia de vida y mis experiencias para ayudarte a vender más, más rápido y con menos estrés, ¿Suena bien? Pues démosle.

CRISTIÁN: *ANTICOACH.*

Mi nombre es Cristián (sí, con acento en la a) Urzúa, pero casi todos me dicen Cris. Hay quien se refiere a mí como *coach* de las ventas, pero este término nunca ha acabado de convencerme: la palabra *coach* es tal vez una de las más prostituidas del medio.

Hoy por hoy, levantas una piedra y seguramente saldrán un montón de *coaches*: *coaches* de vida, *coaches* para el amor, *coaches* para aprender a cocinar, a comer, a hablar, a ejercitarte, *coaches* para educar los perritos. En mis tiempos (que viejo soné al decir eso), el *coach* de mi equipo de fútbol americano era el único que necesitaba en mi vida. A parte, muchos followers latinos me dicen "Couch" que quiere decir "Sillón" y todavía no sé cómo sentirme sobre eso, ¡ja!.

Regresando al tema, prepararnos para el mundo de las ventas es mucho más complejo que un simple entrenamiento: un gran vendedor necesita más que una serie de pasos a seguir, más que la guía de un simple *coach*. No es una receta, es un cambio de perspectiva, una manera de dejar de ser ese vendedor al que todos le huyen y convertirte en una nueva especie de vendedor.

Es por esto que quiero que tú, que estás leyendo esto, no sólo vendas más, sino que también vendas más rápido: que las ventas le agreguen valor a tu vida y a la vida de tu cliente. Estoy aquí para revolucionar la manera en que ves las ventas y ayudarte a navegar en este mundo de una manera mucho más efectiva. Así que como yo no soy un *coach*, quiero que tú dejes de ser un "vendedor" y poco a poco mientras lees este libro des tus primeros pasos para convertirte en un *Personal Seller*. ¿Nunca habías oído de este término, de esta nueva profesión?

Bueno, sigue leyendo y te iré explicando por qué es lo que te URGE tener en tu vida lo antes posible.

Ahora, como nota antes de arrancar, quiero que sepas que esto que vengo a compartir contigo no es un conocimiento con el que yo nací. A lo largo del camino me he metido una cantidad de caídas y "madrazos" (golpe en mexicano) en más ocasiones de las que recuerdo hasta poder colocarme en el camino correcto. Quiero compartirte mi historia y lo que he aprendido en este camino para que te muevas conmigo y con esta generación de vendedores más humanos, de Personal Sellers, hacia una vida plena y exitosa.

¿Te animas?

MIS CREDENCIALES

Comencemos con la presentación más oficial: Soy fundador de **MAS Academy**, que es una academia para emprendedores y ejecutivos de alto desempeño con decenas de programas tanto *online* como presenciales y cuyo corazón late por toda una filosofía de vida aplicada al mundo de las ventas.

Aquí vale la pena detenernos un poquito: este nombre viene de las siglas de **Mindset And Skills (M.A.S)**, así, en ese orden. ¿Por qué? Porque lo que nos interesa en **MAS Academy** son dos cosas: la mentalidad y las habilidades de nuestros estudiantes. Y esto es por una razón muy importante: durante todos mis años de experiencia he detectado un gran error principal en mis alumnos, la visión a corto plazo a la hora de pensar en las ventas.

La mayoría de los vendedores que he conocido creen que sus problemas están en las tácticas, las técnicas y las estrategias que usan para vender. Esto no puede estar más alejado de la realidad. Lo primero de lo que uno debe de ocuparse es de su propia mentalidad, de las filosofías bajo las que su mente y cuerpo operan y de las perspectivas que tenemos y la manera que éstas nos hacen abordar los problemas del día a día.

De hecho, en un ratito, te contaré cómo todos los casos de estudio con los que me he encontrado; me han permitido detectar trece mandamientos para lograr un cambio mental brutal que se reflejará de manera inmediata en tus ventas y en tu forma de negociar con el mundo en general, que te hará ir varios pasos adelante del resto de los vendedores "promedio" y te ayudará a convertirte en ese **Personal Seller** que está esperando suceder.

Te contaban de MAS Academy, en la academia tenemos el honor de ser elegidos a diario por decenas de miles de estudiantes que decidieron conscientemente hacer un cambio radical en su forma de ver el mundo de las ventas. Muchos de ellos adoptando filosofías brutales en programas como…

- **Selling Through Service™: Certificación Personal Seller**

    Este es el curso insignia de **MAS Academy**. Con este curso nuestros estudiantes descubren y aplican el corazón de nuestra filosofía, para lograr vender cualquier producto o servicio a través de servir. ¿Recuerdas *El lobo de Wall Street*? Bueno, este curso es la total antítesis a eso: no vendemos con engaños ni una presión que les cause pesadillas a los prospectos: vendemos a través del amor, de conectar emocionalmente con personas.

    Por medio de un programa digital, este curso te ayudará a trabajar en la transformación mental que necesitas para vender. Trabajamos temas específicos como prospección, negociación, seguimiento y expansión, para mandarte con todas las armas necesarias para moverte por el mercado.

Con este programa podrás aprender a vender cualquier producto o servicio que desees usando ciertas bases clave como lenguaje corporal, una presentación concisa, y un dominio de la dinámica del proceso de ventas. Ya sea que vendas Tutsi Pops, Lamborghinis o servicios por internet, este curso te ayudará a hacerlo mejor.

Este curso ha estado llevándose a cabo durante muchos años, pero ha pasado por una evolución importantísima recientemente: después de estar en contacto con mis estudiantes, siempre orgulloso de sus avances y sus cambios de perspectiva, detecté que comenzó a nacer algo que solo pude llamar una nueva profesión dentro del corazón del curso.

Muchos alumnos me sorprendieron con sus modos de desenvolverse en el mundo de las ventas: completos *rockstars* haciendo algo impresionante. Mientras algunos aplicaban lo aprendido para vender más en su empresa o trabajo otros comenzaron a trabajar como un tipo de vendedor *freelancer* (independiente) con el estilo de vida de un emprendedor digital; es decir, vendían desde su computadora, se volvieron completamente independientes de su locación, comenzaron a conseguir comisiones increíbles, y viven de viajar por el mundo y vender por internet (pero sin todos los dolores de cabeza de tener que construir todo un negocio digital).

Todo porque confiaban al 1,000% en sus habilidades de vender.

A esta nueva profesión, decidimos llamarles **Personal Sellers**, haciendo referencia al concepto de *personal shopper* –aquel que te acompaña a comprar y te asesora durante todo el proceso con su *expertise*. El

Personal Seller es la mejor manera de revolucionar la supuesta crisis del mundo de las ventas. Se trata de un vendedor personalizado, aquel que llega, hace un diagnóstico, y ofrece la mejor solución para las necesidades de ventas de cualquier proveedor –sí, ¡cualquiera!–.

En un mundo cada vez más automatizado, el vendedor tradicional está muriendo. Las empresas cada vez necesitan menos a ese vendedor del pasado. Es duro, pero es cierto.

El vendedor promedio cada vez agrega menos valor al mercado y mientras esto siga sucediendo, las automatizaciones, compras online y los robots eliminarán a todos aquellos que no estén preparados.

No será de la noche a la mañana, pero va a pasar. Garantizado. Solo los que hayan matado al "vendedor tradicional" que llevan dentro y se hayan convertido en profesionales de agregar valor e inspirar negocios sobrevivirán. Solo los Personal Sellers quedarán en el futuro.

La pregunta es, ¿estás listo para conseguir las herramientas necesarias para sobrevivir a la catástrofe? ¿Estás listo para sacar a flote a ese **Personal Seller** que vive dentro de ti?

En este libro te llevaremos de la mano a lograr todo esto, así que sigue leyendo y asegúrate de acabar el libro que tenemos mil cosas para ti.

Ahora, ¿qué otros temas tocamos en MAS Academy?

- **Desde Cero™**

Este curso se enfoca específicamente en el emprendimiento digital. Ha tenido mucho éxito gracias a la revolución que se ha generado en las ventas en estos tiempos digitales. Consiste en un proceso de preparación para lanzar cursos, info-productos, coaching, capacitación o servicios en línea donde en 21 días a veces podrás obtener más clientes que todos lo que tuviste en el año.

En este curso mis alumnos también aprenden a analizar el panorama del mercado para detectar las necesidades que existen y construir una oferta. Trabajamos con un Proceso de Generación de Ideas (PGI) para encontrar las mejores alternativas de acuerdo con la situación actual.

En pocas palabras, en este curso te enseña cómo crear tu producto, cómo lanzarlo en internet y cómo venderlo. Al ratito tocaremos más de estos temas y si quieres saber más siempre me puedes mandar un DM (mensaje directo) por Instagram a @crisurzua .

"¿Y qué más hay Cris"? dirás, y yo te contestaré:

- **Inspire Mentorship™**

Esto no es un curso. Inspire es un tema súper ambicioso: se trata de una mentoría intensiva de un año con tres eventos que se llevan a cabo en locaciones privilegiadas en México para enseñarte cómo usar algo que yo llamo "Los 4 Nuevos Fundamentos de las Ventas" en tiempos de internet:

- Diseño de Ofertas Irresistibles.
- Webinars (Video-Conferencias) que vendan todo.
- Lanzamientos de productos o servicios.
- Embudos de Conversión (los famosísimos funnels).

Pero para llegar a **Inspire Mentorship™** necesitas sí o sí haber leído este libro y dominar a full todos estos conceptos, si no, no tendrás éxito y te sumarás a los miles de emprendedores y vendedores latinos frustrados con el Internet, con Facebook, con Google y que están a punto de aventar la laptop por la ventana.

¡Ah! Y en MAS Academy inventamos el concepto de "fiestas de la educación" por que creemos que aprender de ventas, marketing y negocios tiene que ser divertido.

Y ahí, creamos algo mágico:

- **M! By MAS Academy.**

Esta locura me voló la cabeza desde la primera ocasión: somos responsables del evento más grande de ventas, marketing y emprendimiento en todo Latinoamérica. Una serie de conferencias y clases a cargo de los vendedores y emprendedores más destacados del mundo que viajan de todas partes del mundo para compartir contigo su experiencia. 2,000 - 3,000 estudiantes o más nos acompañan cada año para descubrir los secretos de los negocios que cambiaron en los últimos 12 meses y acompañarnos a revolucionar el mundo de las ventas.

M! Se ha convertido en una peregrinación anual para todas las personas serias en llevar sus ventas al siguiente nivel. Espero verte ahí algún día, este es el evento donde tiramos la casa por la ventana. Hay shows, ruido, speakers y mucho más.

Así que como ves, cada uno de estos productos cuenta con fortalezas particulares enfocadas en aspectos esenciales en el proceso de las ventas. **MAS Academy** cuenta también con ya más de 1 millón de suscriptores que diariamente reciben contenido clave en su desarrollo como vendedores.

Ahora que ya conoces un poco de MAS Academy, seguro te preguntas: "¿Y a mi qué Cris? ¿Por qué me debería de importar esto?

Y te doy la razón aquí mismo: Me llena de orgullo y emoción decir que, hasta ahora, nuestros estudiantes han reportado más de $100,000,000 de dólares americanos en ventas EXTRA gracias a los aprendizajes que

Aquel que se dedica a enseñar sólo es tan bueno como los resultados de quienes han aprendido con él. Cuento contigo para ayudarme a seguir siendo el mejor.

han sacado de nuestros programas y libros como este y que han tenido el valor de salir a poner a prueba. Es una cifra que ha crecido mucho en estos últimos años y quiero que tú, con lo que aprenderás en *"Mata al vendedor: Despídete de las técnicas manipuladoras, transfórmate en un Personal Seller y escapa de las garras de una profesión a punto de morir"*, me ayudes a llevar este número a un billón de dólares, ¿Cuento contigo?

¿Y sobre mí? Bueno, tengo el honor de ser columnista para *Forbes*, uno de los medios internacionales más prestigiosos enfocados en los temas relacionados con los negocios. En mi columna puedes leer mis reflexiones y análisis sobre la actualidad del panorama de las ventas y acompañarme mientras aprendo cosas nuevas dentro este mundo en eterno movimiento. También subimos entrevistas que he tenido con genios como Robin Sharma, Grant Cardone, Neil Patel, Vishen Lakhiani y muchos de los genios que moldean el mundo del marketing hoy por hoy.

Hace algunos años publiqué mi primer libro *Todos Venden*, un *bestseller* que escribí con un solo objetivo: que al leerlo sintieras que te estás tomando un café conmigo, como amigos, y platicando de ventas. Este libro fue planeado como un primer acercamiento a mi filosofía, una introducción de los esenciales para reconfigurar la manera en que vendemos y el papel que jugamos como vendedores. Te lo recomiendo, pero la neta (verdad en mexicano) creo que quedó más guapo este libro, así que primero termina este.

También cometí la locura de convertirme en director y productor de un *reality show* donde viaje a más de 5 países en Latino América y me metí hasta la cocina de las casas de los participantes para ayudarlos a vender más. **Venta perfecta** ha sido un gran hit tanto en línea como en sus transmisiones en la televisión de México y el sur de Estados Unidos llegando a más de 27 millones de hogares por 3 temporadas enteras.

He llevado a cabo más de 6,993 negociaciones cara a cara, generado más de 40,000 clientes en solo 4 años como emprendedor (sin inversión externa, solo vendiendo) y facturado muchos millones de dólares para mi persona. Y todo esto te lo cuento no con ganas de presumir, sino para que sepas que estás en buenas manos. Para que sepas que absolutamente todas las estrategias que te revelaré en este libro vienen de la practica no de la teoría. Que vienen de invertir varios millones de dólares en Facebook, Google, etc. Y entrenar a decenas de miles de vendedores hasta que tuvieran resultados.

Así que más allá de compartirte técnicas anticuadas y poco replicables, lo que quiero es que este libro entre a todos los rincones oscuros de tu mente y saque la escoba para barrer cualquier creencia que te impida vender con éxito de una vez por todas.

Un buen vendedor no existe gracias a los trucos, sino a la comprensión profunda del lado humano de las ventas.

Por que quiero que desde ya te quede claro algo: Vender es una interacción humana y para comprenderla hay que pensar en estos términos, hay que ver al cliente como alguien con quien entablamos una relación que va mucho más allá.

LA HISTORIA ANTIGUA

Éste fui yo. (Dejaré que te tomes un momento para apreciar estos cachetes regordetes libres de preocupaciones, de contar calorías, de hacer dinero, libres de todo!). Y ahora, quiero que veas una foto de tu infancia, si no la tienes a la mano, quiero que mínimo en tu mente te imagines esa foto. La más inocente, la más padre, la que más recuerdos te traiga.

Y con esa foto en mente, ahora, contesta aquí abajo estas preguntas:

(**Nota:** Yo creo que a los libros hay que honrarlos con rayones, notas, esquinas dobladas, ideas que salgan de repente y demás así que sería increíble que te atrevas escribir aquí mismo, disfruta grafitear este libro, ¡Trátalo sucio! Grrr).

¿Qué era lo que deseabas más que nada en el mundo?

¿Qué querías hacer con tu vida?

Ahora, entendiendo que hay miles de diferentes respuestas posibles para esta pregunta, me atrevería a decir que todos estuvimos destinados desde el principio a buscar un objetivo común: **ser felices**. Sea lo que sea que esto signifique para cada quien. Seguramente tus respuestas fueron por ahí, ¿Cierto?

Bueno esta parte de mi historia empieza a esa edad y a esos sueños. Yo nací en el paraíso –también conocido como Cancún, Quintana Roo, México– cuando todavía era un pueblito pequeño a donde muchos jóvenes llegaban en busca de nuevas oportunidades. Mi madre, mexicana, me tuvo a los diecinueve años de edad –ella siempre dice que a los veinte pero lo siento, mamá, los documentos dicen lo contrario–. Mi padre, chileno, llegó a México más o menos por las fechas del golpe de estado y por situaciones familiares difíciles. Mi padre llegando a Cancún consiguió trabajo en la industria hotelera y fue ahí donde estos dos tórtolos juveniles se conocieron. El flechazo hizo de las suyas y gracias a eso un regordete de 59 centímetros de largo y 4 kilos y medio de lonjitas bebés llegó al mundo un par de años después.

Vengo de una familia como tantas otras de la clase media mexicana. Esto significa que si bien nunca me hizo falta nada económicamente –siempre tuve acceso a un hogar seguro, buena comida (chilaquiles los domingos, of cooourse!) y educación–, tampoco tenía un Ferrari en el garaje ni un tío Rico McPato ultramillonario que me diera el ejemplo.

Eso sí: puedo decir que tuve una infancia increíble andando en patineta por toda la Ave. De La Luna en Cancún (era pésimo, por gordo, pero me divertía) y creyéndome *punk* durante mi adolescencia (era medio fresa punk la neta).

MI ADOLESCENCIA PUNK (NO ANARQUISTA INGLÉS, MÁS BIEN GARAJE CALIFORNIANO DE PAPÁ. MÁS GREEN DAY, NO TANTO SEX PISTOLS)

Démosle un pequeño *fast-forward* a la historia. En mis épocas de adolescente (¿no son todas las adolescentes un poco locas?) como te dije me entró la onda *punk*. Tenía un grupo de amigos con los que iba a las tocadas, escuchaba Green Day, Sum 41, Blink y, por supuesto, tenía una banda. Tocaba la batería, la guitarra y escribía canciones. Por un tiempo creí muy en serio que mi futuro estaba en la escena de la música. Incluso durante un rato fui en búsqueda de este sueño y llegué a salir de tour tocando la batería por todo México y casi firmar un contrato con una disquera internacional. Sin embargo, peleas entre los integrantes de la banda y una pequeña depresión adolescente me hicieron salirme de ella y decir adiós a mi sueño de *rockstar*. Ni modo.

Después de eso y guiado por mi amor por la comida (gordito interior) y la influencia de haber visto 8 temporadas de *Top Chef seguidas* y *Ratatouille* 18 veces pensé que mi lugar estaba en la gastronomía.

Me metí semestre y medio en la universidad de chefs y a pesar de que trabajé en restaurantes y preparé muchos platillos para mis amigos, *spoiler alert*: tampoco encontré ahí aquella cosa mística que me hacía falta. Rapidito me di cuenta de que no estoy hecho para vivir atrás de una freidora.

Así que llevaba 2 strikes y seguía bateando: No se me hizo ser músico, no se me hizo ser chef y en mi mente ya no tenía la menor idea de lo que quería hacer con mi vida. Algo sí tenía muy seguro después de un montón de peleas con mi papá: ya no quería ser una carga para ellos.

Mis padres me insistían que me metiera a estudiar, mis abuelos preocupados diciendo que la música me había dañado y yo más perdido que una gallina en periférico (una avenida gigante en Ciudad de México).

Así que en medio de la depresión y confusión adolescentes, sin tener idea de a dónde me quería dirigir, tomé la decisión de independizarme. Y, bueno, todos sabemos que para independizarse lo primero que hace falta es un ingreso, así que abrí el periódico y comencé la búsqueda.

En este momento de la historia hace falta recalcar que mis padres siempre se dedicaron a las ventas en una de las ramas más intensas de la hotelería: el tan temido y satanizado *"tieeeempo compartidoooo"* (léase en un tono fantasmagórico, porque sí, algunas empresas lo manejan de una forma que da pánico, incluso hoy por hoy).

Y sí, sin duda es una buena escuela de ventas y hay empresas que lo hacen super bien, pero es también uno de los campos más hostiles en donde un vendedor puede desenvolverse. No hay red de seguridad, no hay salario base, no hay segundas oportunidades, si no vendes, no comes.

Me acuerdo mucho de cuando mi padre me llevaba a acompañarlo al trabajo, era una locura. Cientos de mesas, cientos de vendedores, cientos de prospectos, botellas de champaña siendo destapadas para celebrar ventas, piñas coladas y vistas maravillosas del mar caribe.

Si piensas que los escenarios que viste en *El lobo de Wall Street* eran intensos, ten en cuenta que eso era en Estados Unidos, ahí medio había reglas. Los que no se adaptaban a lo "estricto" de ese mundo en los ochentas se mudaban a México a vender tiempo compartido. Era de locos. Dinero, drogas, mentiras. Y más. Y como en todo, había gente haciendo las cosas bien y había personas mintiendo hasta los dientes.

Sin embargo, en mi caso, todo lo que tuve durante mi infancia fue gracias a las comisiones que mis papás ganaban en este medio: las cuentas, la comida, las colegiaturas, las vacaciones y cualquier otra cosa que hiciera falta salieron del tiempo compartido, no de ningún salario fijo. Sí, tuvimos rachas buenas y malas, pero ahora, viendo en retrospectiva, sé que muchas de las cosas más increíbles de mi infancia fueron posibles gracias a las ventas.

Y más que eso, al ver a mis padres vivir con puras comisiones toda la vida desarrollé una fé brutal en que vender lo cura todo.

Mis padres siempre me repitieron que lo que ellos hacían era para que yo pudiera construir un futuro con base en mi educación. Esto era para ellos sinónimo de no dedicarme a las ventas. Me dijeron tantas veces eso, que yo igual que tú probablemente quería ser todo menos vendedor en mi vida. ¿Te identificas un poco?

"¿90 MINUTOS Y UN DESAYUNO GRATIS, SEÑOR?"

Bueno, regresando a mi decisión de independizarme y contra todo lo planeado por mis padres, a los 17 años terminé en una sala de ventas de tiempo compartido con toda la motivación del mundo para empezar a hacer dinero y dejar de ser un adolescente perdido por el mundo. No tenía la menor idea de en lo que me estaba metiendo.

Pero entre a la sala de ventas, me puse mis pantalones de niño grande y le entré con todo a ver qué me deparaba. Pasé seis meses ahí como vendedor cara a cara. Al inicio me fue terriblemente mal, y desayunaba comía y cenaba muchos "Déjame pensarlo" a diario con postre doble de "Nos caes súper bien, eres el mejor vendedor del mundo, pero no vamos a comprar ahorita".

¿Te ha pasado?, esos momentos son jodidos, no hay otra forma de ponerlo. Uno regresa a su casa con la barbilla en el suelo, listo para tirarlo todo por la ventana. Hubo momentos en que incluso la idea de la freidora no sonaba tan mal.

Pero poco a poco fui agarrándole la onda y comprendiendo la dinámica de la sala de ventas. Al fin llegaron algunos éxitos (¿Comisiones de $7,000 USD para arriba saliendo a las 3pm del trabajo? Ya le empezaba a agarrar el gusto).

Sin embargo, seis meses después de este primer trabajo, ¿adivina qué? Me di cuenta que el 30% de los beneficios que nuestro gerente a diario nos decía sí funcionaban del programa que vendíamos... ¡no funcionaban! Casi me muero. Me sentí súper decepcionado del mundo de las ventas. No sé tú pero hacer dinero para mi no justifica perder el sueño por las noches y menos mi credibilidad.

Mentirle al cliente es una de las cosas más bajas que puedes hacer: podía aguantar días durmiendo poco, el estrés, la frustración, pero para mí ése fue el gran *deal breaker* que me hizo renunciar.

Así que con lo que había aprendido ahí (saqué lo bueno, dejé lo malo) y con la renta que ahora ya muy independiente tenía que pagar, decidí buscar nuevas oportunidades y terminé trabajando con marcas internacionales del mundo de la hotelería como Westin, St Regis, Marriott y Ritz Carlton.

Pasé años trabajando en este ambiente y fue una época increíble de mi vida. Gracias a esos miles de "desayunos de 90 minutos" llegué a facturar millones de dólares en ventas pero en especial a desarrollar la habilidad de obtener el "Sí, ¡lo quiero!" rápido y sin perder un servicio de guante blanco increíble que enamorara a todos los prospectos. Empecé a descubrir que había otra forma de vender, una sin presión, sin molestar a nadie y una que te permitiera dormir de noche.

Sin esa época de mi vida, no estaría aquí contigo. Gracias a todos mis gringos queridos que desayunaron conmigo y me compraron. Gracias a mis mentores; Carmen, Christie, Alma, James y gracias a todos mis equipos. Sin embargo, también llegó un momento donde dije "Hasta aquí" y tuve que buscar cómo crecer aún más. Nunca se me ha dado bien eso de conformarme.

AVENTURAS GRACIAS AL MARAVILLOSO MUNDO DEL INTERNET.

Fue entonces cuando descubrí el increíble mundo del emprendimiento digital.

Gracias a un gran amigo, Hans, empecé a leer, asistir a conferencias y obsesionarme con la idea de lanzar mi propio negocio digital, era un nuevo reto y estaba mega obsesionado. Invertí decenas de miles de dólares a base de tarjetas (de crédito) en educación (hoy por hoy llevo más de $217,347 dólares en puros cursos, masterminds y eventos), intenté lanzar un software que no funcionó y finalmente deje de darle vueltas al asunto y encontré mi nueva misión: Compartir todo lo que me llevó a vender millones en la hotelería con todo el mundo y en especial, enseñarle a todos los que se sienten estancados o que dicen "que las ventas no son lo suyo" que en realidad sí lo son y que al servir puedes reconectar con lo que amas.

Y sé que aquí muchos empiezan a pensar "Pero Cris, es que neta no son lo mío las ventas" o "Antes eran lo mío pero ya me cansé" o "Es que yo soy mamá, esposa, fitness, chef, maestra y todo a la vez, ¡No puedo con más!"

Y quiero darte un paréntesis brutal aquí:

Uno puede tenerlo todo. Es posible mezclar el mundo de las ventas con una vida feliz y plena y con todos tus otros roles, facetas y ciclos de vida. No hace falta hacer sacrificios enormes, olvidarnos para siempre de nuestras vidas fuera del trabajo, abandonar a la familia, dejar pasar tiempo de calidad con tus seres amados, dejar de ir al cine o leer o pintar o lo que sea que te guste hacer en tu tiempo libre, para ser un vendedor exitoso, para ser un Personal Seller.

Mi meta es enseñarte cómo tener el sí ahorita, cómo obtener el dinero en el menor plazo posible de tiempo sin volverte un ser insoportable para tu cliente (o para tus seres queridos).

Sí: hay maneras de ganarse la vida que sueñas sin morir (o matar todo) en el intento y mi misión en este libro es enseñarte cómo.

Quiero que vendas sin utilizar esa presión extrema tan anticuada, sin perseguir, sin atosigar, sin molestar a esa otra persona que, así como tú, lo que busca es resolver dolores o acercarse a placeres en su vida ¿Dónde está escrito que no podemos hacer de las ventas un proceso en el que todos la pasemos bien y ganemos?

Aquí está una de las claves de mi filosofía de vida y de ventas: quiero ayudarte a buscar cómo agregar valor a la vida de tus clientes, cómo brindarles ayuda, cómo darles un servicio magnífico. Como dice mi máster en línea, *Selling Through Service* ™: cómo **vender a través del servicio.**

Vivimos en tiempos maravillosos, tiempos que ni los Supersónicos se imaginaron. El internet ha logrado que tengamos muchísimas herramientas valiosísimas a un clic de distancia.

Un punto clave que hizo que mi historia diera un giro tremendo fue encontrarme con las ventajas de vender por internet, lo que me abrió las puertas hacia un mundo interminable de posibilidades (y eventualmente, a conocer gente increíble como tú, que estás leyendo esto).

El internet me ha dado la oportunidad de llevar mi filosofía de vida a rincones que el Cris del pasado jamás hubiera imaginado ni en sus sueños más locos: a través de **MAS Academy** he llegado a dar charlas frente a decenas de miles de personas en países como Panamá, Colombia, Venezuela, Brasil, Ecuador, Chile, Guatemala, Paraguay, Estados Unidos y, obvio, mi querido México.

Neta: Si un niño clase media, ex-gordito de Cancún puede, tu también. Ningún sueño es demasiado loco para ser perseguido.

He llevado mis conferencias, mis *workshops*, mis *master classes* e incluso uno de mis proyectos más locos, el *reality show* **Venta Perfecta™**, a muchísimos lugares; pero lo más importante es que he expandido los horizontes de esta comunidad de vendedores profundamente humanos.

SALVANDO EL MUNDO UN *VENDEDOR-DEPREDADOR* MENOS A LA VEZ

Todos los días trabajo para destruir el estigma de ese monstruo terrible que se aparece en las pesadillas de todos los clientes: *el vendedor-depredador*. Lo que quiero es acabar con él y construir en su lugar la cultura de un mundo de las ventas que se mueva gracias al amor, al servicio, al valor que podemos agregar a las vidas de nuestros clientes.

He tenido la fortuna de encontrarme con gente maravillosa durante los eventos con los que mi equipo y yo llegamos a cada vez más ciudades. Muero de ganas por compartir mis aprendizajes con cada vez más alumnos, por lograr que mis experiencias hagan que cada vendedor examine sus maneras de vender y sea cada vez mejor, quiero que las ventas sean una fuente de felicidad y abundancia para todos los involucrados.

Rompamos los estigmas alrededor de esto que hacemos, es hora de demostrar que vender puede ser la mayor expresión de amor que podemos darle al mundo.

He pasado por un increíble pero no te voy a mentir: no ha sido fácil. Sin embargo el motor que me impulsa es mucho más fuerte que los obstáculos con los que siempre vamos a toparnos.

¿Cuál es ese motor? Servir, ayudar, contribuir. Que el día que me muera sepa que sigo vivo en los mensajes, momentos y lecciones que pude compartir con otros seres humanos. Si ese es tu motor, nada puede salir mal.

Desde mi primera venta en internet –lo recuerdo muy bien, fueron siete dólares, era el 2015– hasta hoy puedo decir que no me arrepiento del camino que decidí seguir en mi vida. No me arrepiento de las decisiones que he tomado y de los lugares a donde me han llevado. Quiero que tú estés tan seguro como yo de esto porque las cosas están a punto de ponerse épicas.

#MODOALUMNO

Empecemos con las lecciones (aunque espero que ya hayas recogido algunas hasta este punto eh!): Tener la humildad suficiente para saber que uno siempre está aprendiendo es muy importante. Yo siempre hablo del **modo alumno**, que más que una acción concreta es una actitud frente a la vida.

Ten muy presente que lo que inviertas en tu formación –dinero, esfuerzo, tiempo– siempre volverá a ti multiplicado. ¿Te cuento un secretito? Soy un nerd. Para mí nunca van a ser demasiadas clases, demasiadas conferencias, demasiados libros o demasiados talleres. Tengo "cursitis aguda" y

Uno siempre debe estar dispuesto a aprender de todo lo que se nos ponga enfrente: de los clientes, los colegas, las personas a las que conocemos, los fracasos, las frustraciones, las pequeñas y las grandes victorias.

amo tenerla. No puedo esperar el momento donde te comparta que esos $217,347 dólares que llevo invertidos en educación llegaron al millón.

Y mientras más "éxito" (sea lo que sea tu definición de eso) tienes, normalmente más difícil es mantenerse en #ModoAlumno, más difícil se vuelve abrirse al hecho de que si de todo este libro saco solo "1" cosa nueva puedo tener la capacidad de recuperar mi inversión por 1 millón. Así que a ti, que ya te va bien, te estoy hablando eh, ¡Cuidado con ese ego!

Es hora de aceptarlo: ya no estamos en la preparatoria, el mundo real es de los nerds. Hoy puedo asegurarte que mi crecimiento como vendedor y como persona está directamente relacionado con mi intensidad a la hora de prepararme y luego a salir a tomar acción. Te lo recomiendo totalmente.

Tu capacidad de transformar información en resultados es lo más importante que puedes desarrollar en la vida.

(Ya que estamos en estos temas: ¡Te felicito por estar leyendo este libro y trabajando en tu aprendizaje!).

A MIS CÓMPLICES, GRACIAS TOTALES <3

Como dice aquel dicho que todo mundo se adjudica: si quieres ir rápido, camina solo; si quieres llegar lejos, camina acompañado.

He conocido a muchos superhéroes en este proceso y es gracias a ellos que puedo seguir logrando mis metas. Creo es muy importante tomarme un momento para agradecerles.

Antes que nada te voy a presumir algo épico: estoy casado con la mujer más increíble del mundo (de verdad, me saqué la lotería). Laura es esa persona sin quien todo esto que he construido no estaría completo. Con ella he vivido procesos sorprendentes de aprendizaje, es mi maestra más grande. Es gracias a ella que día con día recuerdo cuál es mi razón de ser, hacia dónde voy y hacia dónde   vamos   juntos.

Además de ella, que es nuestra increíble CFO en **MAS Academy**, me he rodeado de un equipo increíble. Me siento infinitamente orgulloso de esta aún pequeña (somos 45 personas a la hora de escribir esto) y (aún) joven generación de rockstars de MAS Academy. Lo más importante para nosotros es el impacto que cada producto, servicio o idea pueda alcanzar a nivel global, en cada una de las personas con las que nos encontremos. Queremos que el mundo no nos olvide y eso es lo que tu deberías querer crear con cada venta que cierres: Un legado positivo en la vida de ese nuevo cliente.

Somos un equipo que siempre aprende y siempre crece gracias a la energía maravillosa de esta nueva generación de emprendedores, sin todos ustedes, **MAS Academy** seguiría siendo un sueño en mi cabeza, mientras dormía en mi departamento de 45 metros cuadrados en Providencia, Santiago de Chile.

¡Los amo y te amo a ti solo por estar leyendo ya estas palabras! Gracias.

Ahora, quiero que retomemos este punto, por que hasta que no te lo creas, seguiremos atorados en patrones de "neuro-vendedor" de la vieja-escuela en vez de adoptar los patrones de un Personal Seller.

¡UNO SÍ PUEDE TENERLO TODO!

Si realmente crees que puedes tenerlo todo y trabajas por alcanzarlo, si te rodeas de gente que tiene esta filosofía, si te nutres mental y emocionalmente, **puedes tenerlo todo.** Uno recibe lo que sabe que merece, y tú lo mereces todo, quiero que estés tan convencido de esto como yo.

Esto no llega por arte de magia, hay que invertir muchísimo trabajo, dedicación, compromiso, convicción. Pero no te abrumes, no se trata de una carrera donde te van a dar un trofeo dorado y brillante hasta el final después de desgastarte muchísimo, las recompensas siempre van surgiendo durante el proceso.

Existen hábitos y prácticas que te permitirán tenerlo todo, existen maneras de encontrar un bienestar integral.

Para mí, para nosotros en **MAS Academy**, el fin no es el dinero: este es simplemente la consecuencia de servir al mundo. El dinero es simplemente un amplificador de todo lo que llevas dentro (o lo que te hace

Uno no tiene que intercambiar el éxito económico por tener buena salud, tener una relación estable y sana, o pasar tiempo de calidad con tu familia y tus seres amados. Esas son mentiras que dice lagente que no lo ha logrado.

falta). El dinero es solamente un síntoma de cuánto valor agregas verdaderamente a la vida de la gente. Así que hagamos comunidad y acompañémonos viviendo con esta nueva filosofía y fortaleciéndola a cada paso.

Y te hago una pregunta, por si eres de los incrédulos:
"¿De qué carajos te sirve creer cualquier otra cosa que no sea que de verdad puedes tener todo lo que quieres en esta vida?"

¡De nada! De absolutamente nada. Adoptar la creencia de que puedes tenerlo todo, de que eres merecedor, de que si entras con el corazón abierto y ganas de servir a cada negociación, relación, momento o experiencia podrás lograr lo que quieres, creer eso, es la definición de creer en ti.

Y es la base de la pirámide de cualquier Personal Seller exitoso.
Por que si tu no te crees el cuento primero… ¿Quién lo va a hacer por ti?
Vas en el camino correcto. Comencemos…

¿Cómo sobrevivir al cambio de paradigma de vendedor tradicional a Personal Seller?

Cuando uno sigue los pasos de lo que ha sido repetido por la sociedad una y otra y otra vez como si se tratara de una verdad total, uno va en el camino directo a perder todo el control sobre su propia vida. ¿Qué sucedería si en lugar de aceptar esas ideas que hemos repetido una y otra vez como las grandes *Hace mucho tiempo dejé de preocuparme por lo que es verdad, hoy sólo me preocupo por lo que es útil.* verdades del mundo decidimos de verdad cuestionarlas de una vez por todas? Y a partir de ahí, ¿Qué sucedería si reemplazáramos cada una de esas creencias por formas de pensar que estén más de acuerdo con lo que queremos lograr de la vida?

Durante gran parte de mi vida yo tenía adoptadas estas ideas: vender es difícil, quien decide emprender se muere de hambre sí o sí, la crisis está durísima y por eso es imposible buscar algo mejor, todas las relaciones están llenas de drama y problemas, no es posible tener un balance entre ser económicamente exitoso y pasar suficiente tiempo de calidad con los seres amados, etc. etc. etc.

Y te tengo una noticia: ninguna de estas ideas era real para mi y tampoco tienen por que serlo para ti. Porque aunque estas ideas pueden ser ciertas para el 99% de las personas a tu alrededor, ¿Adivina qué? ¡No eres un árbol! ¡No eres estático! Tú puedes decidir conscientemente moverte de lugar físico y mental y puedes decidir hoy no adoptar esas ideas como tuyas.

En esta vida hay que aprender a soltar lo que nos han dicho que es verdad y tenemos que aprender a abrazar lo que es útil creer. Hay que aprender a dejar ir, a decirle adiós lo que tanto nosotros como quienes nos rodean han repetido una y otra vez y poco a poco ir descubriendo qué creencias sobre ti mismo, sobre la vida, sobre el mundo serán las que tienes que adoptar para diseñar la vida que te mereces con el mundo.

Porque solo si tú así lo decides, leer este libro puede ser un punto de partida para cuestionarte todas esas cosas que suceden en tu vida, esas verdades que parecen ser cosas definitivas y absolutas. ¡Ese es el poder de la intención! El poder decidir ahorita mismo que en las hojas de este libro hay un mensaje para ti y emocionarte por descubrirlo e implementarlo para cambiar de una vez por todas.

Las cosas están a punto de ponerse muy divertidas y una vez que lo decides, no hay vuelta atrás. Sé una persona intencionada cuando se trata de cuestionarte, de crecer. No esperes a que pase, todo en la vida tiene un mensaje importante, pero de ti depende si lo escuchas o no.

Y en este punto yo sé que probablemente digas:

"Cris, pero yo estoy muy bien. No tengo ideas dañinas ni limitantes, me siento increíble, vendo bien y tengo un buen negocio!" Y lo primero que te puedo decir es; ¡Felicidades! Disfrútalo, pero es iluso pensar que uno no tiene o dejará de tener creencias limitantes.

Te lo explico como me lo explicó mi padre (que de carrera es psicólogo y uno de mis mentores más grandes). Un día nos tomábamos un café y yo, en medio de una de esas crisis existenciales que me dan como cada año, le pregunté: "Es que gordo (así nos decimos de cariño), ¿Cómo puede saber uno dónde tiene una creencia limitante?".

Y lo que me contestó me cambio la vida:

"Gordo, es fácil. En cualquier área de tu vida donde no estés donde quieras estar aún, ahí tienes una creencia que te limita. Por que si no la tuvieras, ya tendrías   esos   resultados."

Así que te prometo que al leer este libro completito (completito eh!) descubrirás límites internos que no sabías que tenías y que te están limitando de hacer más dinero, ser más feliz y tener más impacto en el mundo.

No, no existe una verdad absoluta. Sí, sí puedes realizar cambios reales sobre tu propia verdad.

Las cosas no tienen significado por si solas, a todo en esta vida tú y tu mente le dan un significado. Por eso te pregunto: ¿Estás siendo consciente de esto? Si no, es hora de despertar.

Vámonos a un ejemplo muy sencillo: ¿en qué piensas cuando lees o escuchas la palabra "manzana"? Posiblemente te imagines una manzana roja, o una manzana amarilla, o una manzana verde. Te imaginarás, sin duda, las manzanas que más presentes han estado en tu vida. Las manzanas a las que estás acostumbrado. ¿Qué dirías si, de repente, yo te digo que para mí una manzana es el equivalente a una "cuadra" en las calles de mi ciudad natal de Cancún? Misma palabra, pero significados totalmente distintos.

El reto es que a los seres humanos nos pasa muy seguido que asignamos definiciones taradas a conceptos muy importantes en la vida. Conceptos como amar, recibir, dar, merecer, amistad, soledad y miles otros son la causa de la poca felicidad de un montón de gente.

¿Y por qué? Porque nunca se dieron el espacio de crear sus propias definiciones de estos conceptos, simplemente adoptaron lo que vieron, escuchar o experimentaron una vez sin cuestionarlo.

Y en ventas es exactamente lo mismo, ahora te explico por que.

Mi objetivo con este libro es que adoptes esta filosofía de vida, que te convenzas de la importancia de derribar las ideas limitantes que has tenido hasta ahora para así abrirte a ti mismo el camino para vivir una vida increíble, una vida con impacto, una vida para ayudar a la gente. Una vida épica. La vida que de verdad te mereces.

Así que es hora de agradecerle a esas creencias antiguas, agradéceles por que quizás en algún momento anterior te protegieron, te fueron útiles, te sirvieron de algo, pero diles adios por que al tú de ahora le son un estorbo al amar, al crecer, al ser y en especial al vender.

La manera en que tú ves todo lo que te rodea, cómo tú te sientes con tu propia vida, cómo tú ves el mundo es un reflejo de lo que hay adentro de ti.

Te doy un ejemplo claro en ventas. Todos conocemos al típico vendedor que vive siempre esperando encontrarse con el no, con la frustración. ¿Y qué le pasa? Lo encuentra por todos lados, por que se fija en lo que es "verdad" para el promedio, no lo que es útil para el. Si buscas la manera de, en lugar de esto, darle la vuelta a tu forma de ver el mundo, podrás entonces tomar las riendas del asunto y transformar tu realidad en algo que realmente te haga feliz.

La verdad es algo que vive dentro de cada persona y que tiene que ver directamente con las creencias y las perspectivas de cada quién. Tiene que ver con tu educación, con tu entorno, con todas esas experiencias que has almacenado en tu cabeza desde la infancia. Tiene que ver con lo que tu mamá o tu abuelita te dijeron que no podías hacer. Con tus amiguitos de la primaria, con esa chica de la secundaria que te bateó, con la

¿Te imaginas todas las cosas que han hecho que tú veas el mundo como lo ves? ¿Qué pasaría si te atreves a derrumbarlas poco a poco y buscar algo mejor?

primera vez que no te alcanzó para comprarte los dulces que querías en la tienda, o con ese partido de fútbol que perdiste.

Todas esas experiencias han creado el marco mental que te da lo que tienes ahora y tienes la capacidad de cambiarlo, lo creas o no ahorita, ¿Por qué?

Porque la verdad absoluta no existe (y muchos me critican al decir esto).
Pero enséñame cualquier argumento y te podré enseñar 10 puntos de vista que lo cuestionan y piensan diferente.

¿No me crees? Esto aplica incluso en la ciencia, hay muchos científicos que prueban que 2 + 2 no es igual a 4. Boom, me voló la cabeza cuando lo leí pero googlealo, es verdad.

Y al final regresamos a lo mismo: ¿Qué te conviene creer, que existen verdades sobre ti inamovibles que nunca podrán cambiar o que tienes la maravillosa capacidad de evolucionar y crecer?

¿Qué resultados traerá a tu vida cada uno de estos pensamientos? Tú eliges.

Así como ya te conté en el primer capítulo de este libro, yo tuve un momento de cambio radical en mi vida donde me di cuenta de que tenía que modificar la manera en que veía al mundo para así poder cambiar mi realidad inmediata y las condiciones en las que vivía. Hasta ahora me ha funcionado de maravilla y cada vez se pone mejor. Quiero que este libro funcione como parte de ese proceso en tu mente, que cambiemos juntos la manera en que ves el mundo y te atrevas a construir una mejor realidad para ti, para tus seres amados, para tu comunidad y para tus clientes. Quiero que, de ahora en adelante, cada paso que des te acerque un poco más a convertirte en un vendedor a la medida de las circunstancias, en un **Personal Seller** a prueba de balas, a prueba del paso del tiempo y a prueba de la automatización y los robots que están por venir a quitarte cualquier tipo de empleo.

NADIE TE DEBE NADA.

Absolutamente todo cambia cuando uno se da cuenta de que cada quién escribe su propia historia. Si lo que deseas es enfocarte en todos los obstáculos que se te ponen enfrente, todas las limitaciones que tienes, todas las cosas que te faltan, es eso lo que tendrá un lugar principal en tu historia. Si, al contrario, decides voltear a ver tus fortalezas, las oportunidades de aprendizaje que hay en los obstáculos, las áreas donde puedes mejorar, tu panorama cambiará radicalmente.

No, nadie te debe nada. Ni el gobierno, ni tu pareja, ni tus hijos, ni tus amigos, ni tus padres. Si quieres algo, si deseas de verdad algo en tu vida, tienes que trabajar por eso. Una de mis principales metas en el proceso de la enseñanza es ayudarles a mis alumnos a negociar la vida que se merecen en este mundo. En lugar de enfocarnos en los obstáculos, debemos enfocarnos en las negociaciones que podemos hacer para superarlos.

El increíble John C. Maxwell tiene una metáfora que puede aplicarse a todos los aspectos de tu vida: todo lo que vale la pena está cuesta arriba.

Nadie despertó un día milagrosamente en la cima de la montaña, nadie llegó ahí sin esforzarse. Nadie de repente despertó en la casa de sus sueños, o con la pareja que siempre esperó, o con el negocio más exitoso del mundo:

todo requiere trabajo, esfuerzo, dedicación.

En lugar de esperar a que las cosas lleguen a nuestras manos por el simple hecho de existir, hay que hacer todo por llegar al punto en el que hayamos construido cosas sólidas que tengan un beneficio en nuestras vidas. Hay que atrevernos a construir retos, si lo creemos, estamos a la altura de ellos.

Es este punto de donde parten todas las ideas que voy a compartir contigo en este libro: a lo largo de estas páginas, caminaremos juntos para hacer cambios definitivos en nuestras perspectivas, cambios que nos permitan crecer *Hoy tienes que entender* completamente y dar un giro radical para *que para vender más* que al fin sean todo eso que hemos *primero tienes que ser un* deseado y más. Verás que una vez que *mejor ser humano. Tienes* el chip de tu mente cambie, podrás dar *que ser más para dar más* los pasos necesarios para *y recibir más.* construir una realidad increíble, para responder de una manera infalible a este mundo que cambia a velocidades tan aceleradas.

LAS IDEAS QUE HEMOS ARRASTRADO.

Ahora, sin conocerte personalmente puedo estar seguro de que hay más de una idea dañina que has arrastrado durante toda tu vida, como te decía todos hemos tenido una o más piezas de "equipaje ideológico/emocional" que nos hacen caminar más lento. TODOS. Es como ir avanzando en el auto pero con el freno de mano puesto. Más lento, a marcha forzada y tarde o temprano te vas a quemar.

Este "equipaje emocional" se trata del conjunto de todas aquellas ideas que nos han sido inculcadas desde que éramos pequeños en nuestras familias, en nuestras escuelas, en nuestros círculos sociales, en la televisión y en tantos lados más.

Son ideas que están en todos lados y que, por lo tanto, se vuelven intocables en nuestras mentes. Vaya, ni siquiera nos dimos cuenta de cuando las adaptamos pero a parte de eso inconscientemente ni siquiera nos imaginamos cómo serían las cosas sin estas ideas. Empezar a cuestionar estas ideas es el primer paso hacia una vida más de acuerdo con lo que realmente quieres para ti y a una vida con muchas, muchas más ventas.

Y aquí abajo quiero darte algunos ejemplos de esto en tu vida diaria y que me digas si alguna de estas ideas te suena conocida.

«El amor siempre trae drama.»

Desde las telenovelas y las películas que hemos visto hasta las historias de nuestros papás esta idea es una de las más repetidas en la sociedad actual.

Idealizar el amor que duele, ese que implica sacrificio, lágrimas y dolor, es una de las formas más comunes de hacer de tu vida una tortura. ¿Qué sucedería si comenzamos a relacionarnos de maneras menos dolorosas? ¿Si empezamos a respetar al otro, a comunicarnos, a saltarnos todo ese drama innecesario? ¿Si encontramos nuevos caminos hacia el "y vivieron felices para siempre" (si eso es lo que quieres, tampoco es obligación)?

Nos han enseñado que una *historia de amor* siempre trae su respectiva dosis de drama y hemos aceptado esto como una verdad inevitable. Imagínate lo que sucedería con tus relaciones si dejaras de esperar el momento del drama y empezaras a enfocarte en formas más en la gratitud, en el respirar, en la compasión en ver a tu pareja como un disfrute total tanto en las buenas como en las malas.

¿Suena imposible?
¿Dices "yo soy así", "eso no se puede", "no con mi marido o esposa"?
Pues ahí ya empezamos mal y quiero que vuelvas a leer todo este libro para que te empieces a abrir a la idea de que quizás, solo quizás, si tu cambias el mundo empiece a cambiar.

Imagínate si todo ese tiempo que has estado invirtiendo en el drama durante tus relaciones lo invirtieras, en su lugar, en tener conversaciones profundas con tu pareja, en conocerla más y mejor, en escuchar y buscar juntos formas más agradables de compartir sus vidas. Se puede hacer, hay millones de parejas que han envejecido juntos aún en amor pero es fácil ignorarlos y solo acordarse de todas las cifras que te hablan del drama y números de divorcios ¿Cierto? ¡Todo es perspectiva! ¡Todo es "a que le pones atención" y "que decides creer"!

Esto no es un escenario imposible, no hace falta más que cambiar las maneras en que cada uno se acerca a los problemas, las formas en que se hablan, en que se comunican: cambiar la perspectiva que tienen sobre su relación, sobre sus expectativas, sobre las responsabilidades y el compromiso. Cambiar la forma en que ven el amor.

No tienes idea de lo increíblemente liberador que es esto.

«Toda mujer necesita a un hombre en su vida.»

La famosísima "media naranja" es otra de las ideas profundamente nocivas que hemos adoptado desde la infancia. Un poco por culpa de Disney y otro por culpa de nuestras abuelitas, mamás, familias y la sociedad en general, esta idea sirve también como un pretexto para todas las personas que le tienen miedo a darse la oportunidad de vivir vidas plenas y felices en su propia presencia.

Ese lugar tan importante donde colocamos la búsqueda de una pareja ideal hace que depositemos demasiadas expectativas en las relaciones que tenemos. No, la felicidad y la plenitud no están afuera de nosotros. Si lo que deseas es sentirte pleno, la mejor idea es comenzar por comprender qué es lo que buscas en tu vida, qué esperas de una pareja y cómo cabrá esto dentro del proyecto de futuro que tienes.

¿De qué te sirve pensar esto? ¿Te causa estrés innecesario o te ayuda? ¿Por qué no pensar en que si llega, ¡Bien! Y si no, ¡También! ¿Cómo te sentirías con esa creencia en tu vida?

Pensar que todas las mujeres necesitan la compañía de un hombre para ser felices, o que todos los hombres necesitan la compañía de una mujer es tratar de reducir toda la experiencia humana a una solución muy pequeñita y específica.

No podemos buscar que otra persona nos complete si hacia nuestro interior nos sentimos incompletos: esto no sólo es injusto con tu pareja sino que también es una forma de tirar por la borda tu responsabilidad sobre tu propio destino.

Sí, es muy bonito encontrar a alguien con quién compartir tus experiencias de vida, alguien que te apoye y te acompañe, alguien con quien seas profundamente compatible; una pareja que no sea sólo *cualquier pareja*, sino que sea *la pareja* ideal para ti.

¿No sería maravilloso que, en lugar de buscar desesperadamente por el mundo a una media naranja nos enfoquemos en ser la mejor versión de nosotros mismos que podamos ser? ¿No sería mucho más satisfactorio encontrarnos así con alguien a quién amar? ¿No valdría la pena, también, imaginarnos otras maneras de sentirnos completos que no dependan completamente de la voluntad de otra persona?

«Mi sobrepeso es genético, nunca voy a bajar de peso.»

Ésta es otra de las ideas que he escuchado una y otra vez en boca de muchas personas que conozco. Y, si te soy completamente honesto, me enoja muchísimo. No, yo no soy doctor ni soy un experto en temas de metabolismo. (Es más, te recomiendo mucho que vayas con un doctor si crees que hay un problema genético real que te está impidiendo bajar de peso pero consulta varias opiniones antes de decidir cualquier cosa). De lo que sí estoy seguro es que muchísima gente se escuda en esta idea para no hacer lo necesario para tener una mejor salud.

Es muy cómodo pensar que el sobrepeso es un problema sin solución, que es una condición genética y que no hay mucho que podamos hacer para cambiarlo. Es, de nuevo, deshacernos de las responsabilidades de tener poder de decisión sobre nuestras vidas.

Si vemos el sobrepeso como una carga con la que nos tocó vivir, entonces no hace falta seguir una dieta sana ni hacer ejercicio, ¿para qué hacerlo si nacimos con sobrepeso y con sobrepeso moriremos?

Cambiar la manera en que vemos nuestra salud, dejar la resignación atrás y pasarnos a la acción, es importantísimo para poder ver resultados reflejados en nuestros cuerpos y nuestras vidas.

El primer paso para poder lograr cambios reales en nuestra vida es aceptar que estos cambios no llegarán por arte de magia: las cosas que valen la pena en la vida cuestan trabajo. Verás que la satisfacción de conseguirlas es incomparable.

El camino más sencillo es, sin duda, pensar que las cosas están fuera de nuestras manos. ¿Qué sucedería si comenzamos a hacernos responsables de las decisiones que tomamos y las maneras en que influyen en nuestro cuerpo?

¿Qué sucedería si dejaras esta creencia atrás?

Uy. Tendrías que hacerte responsable, ¿Cierto? Que miedo dan esas cosas.

«Al tener hijos mi crecimiento profesional se acabará.»

Muchas personas creen que el momento en que comienzan a formar una familia el resto de sus vidas ya se acabó para siempre. Es por esto que hoy por hoy hay muchas personas jóvenes que deciden esperar lo más posible o que, incluso, deciden no tener hijos para que nada se interponga entre ellos y sus carreras.

Es totalmente respetable la decisión de no tener hijos si es algo que no deseas en realidad o si odias a los niños (¡JA!); pero si decidiste esperar o no tenerlos por el miedo que tienes a que anulen todo lo demás en tu vida pero en secreto suspiras cada que te encuentras a una familia feliz con un bebé regordete, estás viendo sólo una versión posible de la historia: la versión que muy probablemente has escuchado en boca de amigos, compañeros de trabajo o familiares.

¿Qué sucedería si cambias tu perspectiva sobre este tema? Por ejemplo: si en lugar de decir «soy pobre porque tengo muchos hijos» le das la vuelta al asunto y encuentras en tus hijos ese impulso necesario para buscar la abundancia, para volverte el mejor vendedor que puedes ser y la mejor

Es posible tener un crecimiento integral. Es posible tener una familia y, a la vez, ser económicamente exitoso. Es posible tenerlo todo si crees –sólo si realmente lo crees– que puedes tenerlo todo.

persona que puedes ser. ¿Te imaginas lo increíble que podría volverse tu vida si tener hijos fuera un tanque extra de combustible en vez de una soga al cuello o una excusa brutal?

La riqueza compartida es la mejor versión de la riqueza que podemos conseguir en esta vida. Tener una familia a la que amas y poder proveer todo lo que necesiten, poder consentirlos, poder consentirte y lograr que juntos vivan la vida que se merecen es un motor capaz de convertirte en un generador de éxito imparable. Sólo hace falta que cambies la manera en que ves el mundo que te rodea y el campo profesional en el que te desenvuelves.

Y de nuevo yo conozco cientos de vendedores y emprendedores ultra exitosos, apasionados por lo que hacen y que. viajan y tienen resultados muchas veces con más de un hijo... Pero es más fácil fijarse en tu prima Lupita que decidió "echar la hueva" en lo profesional, una vez que tuvo hijos, ¿Cierto? ¡Siempre es más fácil fijarse en las excusas que en las excepciones pero si quieres crecer, tienes que cambiar ese hábito, ya.

**

Todos estos ejemplos son como pequeñas anclas que impiden que alcancemos el crecimiento que deseamos como personas y como vendedores. Son cuentos que la sociedad nos ha contado y que nos hemos tragado de tal manera que terminamos contándonoslos a nosotros mismos.

Es momento de romper con todos estos mitos y construir mejor nuevas maneras de ver el mundo, maneras que nos permitan hacer de este el mejor mundo posible para nosotros y nuestros seres queridos.

Si no rompemos con esta espiral ahora, no sólo nos seguirán deteniendo estas creencias sino que se irán haciendo más duras, más sólidas, menos flexibles… ¿Y lo peor? ¡Te vas a convertir en alguien que las comparta con los demás! Con tu esposa, hijos, prospectos, amigos y clientes. ¡Dios nos salve! Jaja.

La gran meta que tengo para ti con este libro es que cuestiones todas esas cosas que has asumido como verdades absolutas y que puedas, de una vez por todas, hacer un cambio de raíz en tu vida.

Y ahora sí, todo esto nos lleva al mito que derribaremos en particular:

«Vender es difícil.»

¿Qué tiene de útil pensar que vender es difícil?

Sí, vender es difícil para quien no se prepara, vender es difícil para los vendedores mediocres, para quienes no quieren escuchar a sus clientes o a sus prospectos, para quienes no se esfuerzan lo suficiente.

Vender es difícil si no sabes lo que haces, si no te dedicas a conocer bien el campo de juego y a comprender sus dinámicas.

Vender es difícil para quien no tiene este libro en sus manos, para quien no decide aprender sobre el mundo de las ventas.

El primer paso que te voy a pedir que des es que, a partir de este punto, es

Si cambias tu manera de ver este mundo, te prometo que a partir de ahora tendrás un viaje increíble en el mundo de las ventas.

que te deshagas de esa idea. Tírala por la ventana. Quiero que estés convencido de que vender, con lo que aprenderás leyendo este libro, no será difícil.

LA IMPORTANCIA DE CAMBIAR LA MANERA EN QUE VEMOS EL MUNDO DE LAS VENTAS

Hoy por hoy, te prometo que en muchas áreas de tu vida has venido caminando sobre un camino que no necesariamente te pertenece. Yo quiero que a partir de hoy comiences a construir tu propio camino, uno que tú elijas, con las cosas que tú necesitas para tener una vida plena y feliz.

Quiero que derrumbes esa perspectiva de tu realidad que ha formado parte de tu vida hasta ahora, porque es justamente esa perspectiva la que no te permite crecer.

Piensa, por ejemplo, en el sistema operativo de una computadora. (Windows, IOS, Linux, etc.). El sistema operativo determina qué hará la computadora si se le ordena una cosa u otra. Establece una serie de reglas para el *hardware*, reglas que indican cómo la computadora reaccionará ante cada estímulo que reciba. Piensa en tu *mentalidad y corazón* como el sistema operativo dentro de ti. Tu manera de ver el mundo, tus creencias, tus perspectivas, determinan cómo te desenvolverás no sólo en el mundo de las ventas, sino en el mundo en general. Cómo manejarás tus relaciones, cómo te enfrentarás a tus problemas y

> *Eres como una computadora: Tienes hardware y tienes software. ¿Estás dispuesto a actualizarlo de vez en cuándo?*

obstáculos, cómo lidiarás con la frustración y qué construirás a partir de cada éxito depende directamente de esto.

Si logramos reconfigurar la manera en que ves el mundo y en que te ves a ti mismo, tu mundo y tú cambiarán de manera impactante, tanto dentro como fuera de las ventas.

Y en este libro darás pasos más importantes para convertirte en parte de este movimiento de **Personal Sellers** donde estamos reconfigurando cómo nos acercamos a las ventas, que estamos derrumbando paso a paso todo lo que nos habían contado sobre los aspectos terribles de vender. Vender puede ser, además de una fuente increíble de ingresos, una experiencia que verdaderamente disfrutes, puede ser una manera de traer alegría al mundo si decides cambiar tu manera de verlo de ahora en adelante.

Te prometo que este viaje de descubrimiento será fascinante y que no volverás a ver las cosas de la misma manera.

Puedes tenerlo todo en esta vida si tan solo crees que puedes tenerlo todo.

Nos vemos del otro lado.

¿Por qué tú (sí, tú) necesitas conocer el mundo de las ventas? (y lo sé sin conocerte todavía…)

Llegó el momento: Hablemos de tus creencias sobre el mundo de las ventas.

¿Cuál es tu primera reacción cuando escuchas la palabra "vender"? Seguramente en algún momento de tu vida esta palabra te sacó ronchitas, si no es que sigue siendo así. Las ventas están muy satanizadas en el mundo y yo estoy aquí para demostrarte lo contrario.

Una de mis misiones más grandes en la vida es ayudar a mis alumnos a que se pongan unos lentes distintos para ver las ventas: las ventas no sólo no son el enemigo, sino que pueden ser un gran amigo para el resto de tu vida si aprendes a acercarte a ellas de la manera correcta.

Hagamos un ejercicio: ¿cómo llegaste tú al mundo de las ventas? Quiero que hagas un poco de memoria y rastreemos el momento en que dijiste «bueno, va, voy a vender». Puede haber sido un momento de extrema necesidad, o de ganas de tener un mayor poder adquisitivo. Puede ser, tal vez, aquel momento en que algún proyecto se derrumbó y tuviste que encontrar alternativas. ¿Ya sabes cuál es? Escríbelo aquí:

Sigamos con el ejercicio de memoria, ¿cómo te sentiste en ese momento cuando arrancabas en ventas? Tal vez tuviste miedo, tal vez incertidumbre o te sentías dudoso.

Podría casi asegurarte que cuando eras un pequeñuelo y jugabas con tus amiguitos en el parque no pensabas que de grande ibas a ser vendedor –yo definitivamente no lo hacía. La gran mayoría de las personas que se dedican a vender llegaron a este mundo por casualidad o por necesidad.

¿Por qué nadie pensaba en vender como primera opción? Porque venimos de una época en la que para nuestros padres ser especialista te aseguraba tener un trabajo, una época donde el papelito hablaba más que cualquier otra cosa. Por eso crecimos con la idea de que estudiar una carrera profesional (entiéndase abogado, contador, médico, etc.) era la mejor inversión, la más segura, por eso mis papás querían que yo hiciera todo menos dedicarme a vender (bueno, no todo, mi carrera como músico tampoco les emocionó demasiado).

Mis papás, como ya te conté en el primer capítulo, encontraron en el temible tiempo compartido una manera muy eficaz para mantener a la familia. Nunca lo

No existe un solo ser humano que un día haya despertado y dicho «¡Mamáááá!, voy a ser vendedor», te lo prometo. Todos queríamos ser astronautas, futbolistas, estrellas de rock, qué sé yo, pero jamás vendedores.

hicieron porque les gustara demasiado al principio. Yo crecí viéndolos hacer todo un esfuerzo por mantenerme y darme una vida increíble mientras muchas veces se desgastaban en un ambiente súper tóxico en salas de ventas horribles.

Pero hoy vivimos en otros tiempos. Las cosas no son blanco y negro. Sí, está padrísimo hacer una carrera si es que eso te apasiona, pero el papelito ya no es la única manera de salir adelante y tener la vida que te mereces. La idea de que mientras más papelitos tengas mejor te irá es totalmente falsa hoy en día, ¿sabes cuántos taxistas hay con licenciatura? (Son millones, nada contra los taxistas, ¡ustedes pueden chicos!)

Vivimos en tiempos donde el papelito no habla para nada ¡Si tu no le enseñas a cantar y a promocionarse!, vivimos en una época donde la capacidad que tengas para vender y venderte es la mejor manera de conseguir tus objetivos. Te puedo asegurar que no hay un solo papelito que te genere la cantidad de abundancia que te ayuda a generar saber vender bien.

El reto es que las ventas no se han profesionalizado más allá del típico vendedor de retail que leyó un manual escrito por "corporativo" hace 20 años y por que las ventas dan (pronto dejarán de darlo) fácil acceso a trabajar en ellas, los humanos las hemos tirado a menos.

Súmale que las ventas son el ejercicio de desarrollo personal más increíble que existe (después de estar casado y ser padre, ja!) y el resultado era obvio: Mejor busco la comodidad de un "empleo" en vez de perseguir mis sueños con la habilidad #1 para conectar con abundancia en el mundo.

Tener la habilidad de vender y de elegir qué productos o ideas vender es algo que no tiene precio. Es por esto que invertir en aprender estas cosas que enseñamos en **MAS Academy** o simplemente invertir con cualquier mentor que tenga los resultados que buscas y en libros como éste es una de las mejores decisiones que puedes tomar para construir un futuro maravilloso.

No te imaginas las historias impresionantes de éxito que he conocido gracias al mundo de las ventas (algunas te las compartiré en un ratito). En este camino he tenido el placer de conocer gente que ha creado fortunas enormes gracias a su habilidad para vender y viniendo de la nada.

Si das el paso para conectar con la importancia que tienen las ventas en tu vida, si haces las paces con la idea de vender, verás que se abrirán las puertas para una vida de abundancia, satisfacción y felicidad.

LAS VENTAS HASTA EN LA SOPA

No hay nada más equivocado que la idea de que sólo un "vendedor" que así se llame vende. No, no sólo venden aquellos que trabajan en las salas de tiempo compartido, en los mostradores de las tiendas, en las agencias de autos o en bienes raíces.

Te doy un ejemplo: si tú no les vendes a tus hijos los valores que esperas que tengan para el resto de sus vidas, ¿de dónde los van a conseguir? ¿De las Kardashian? ¿De Televisa?

Si tú no te vendes frente a tu pareja como la mejor compañía que puede tener, ¿cómo esperar que no llegue alguien más y se venda mejor que tú?

Si tú no te vendes frente a tu jefe como el empleado más capacitado, ¿cómo vas a conseguir un ascenso? ¿Un incremento de sueldo? Si no te sabes vender, van a promover al tarado de Timmy que es peor que tú en el puesto pero que sí sabes vender.

Y así podría seguir por siempre, ¿ves a lo que me refiero?

Todos venden, todos vendemos (¡Hasta así le puse a mi primer libro!).

Tener la habilidad de vender puede abrirte muchísimos caminos para lograr todos los objetivos que decidas perseguir.

Yo puedo decirte completamente seguro y desde un lugar increíble que vender cambió mi vida. Le dio un rumbo a mis días, me dio la oportunidad de tener una calidad de vida maravillosa mientras ayudo a otros a conseguir lo mismo, ¿qué puede ser mejor que eso?

En mi vida, vender ha traído una ola de abundancia, felicidad y aprendizaje que quiero compartir con todos mis alumnos. Yo, sin haber soñado con vender en mi infancia, sé que vender me ha traído la felicidad que soñé. A veces las cosas suceden de maneras misteriosas.

¿SABES CUÁL ES LA PROFESIÓN MÁS ANTIGUA DEL MUNDO? PLOT TWIST: NO ES ESA QUE ESTÁS PENSANDO, PILLO

Siempre que suelto esta pregunta en una conferencia me divierto muchísimo. Ya te imaginarás, no faltan las risitas nerviosas en el público o el atrevido que levante la mano y hable de las mujeres de la vida galante. Pero, ¿qué crees? La profesión más antigua del mundo no es esa que piensas: son las ventas. Si no,

Las ventas son parte de las dinámicas de la humanidad desde el principio de los tiempos

¿Cómo crees que la primera mujer de la vida galante del mundo encontró a quién brindarle sus servicios?

Incluso antes que la invención de la moneda o de los sistemas de cambio, había un intercambio de bienes y servicios, y este intercambio siempre involucra una decisión.

Vender es la habilidad número uno que puedes tener para conectar con la abundancia en tu vida. Y no me refiero solamente a tener dinero para comprar cosas bonitas –aunque sí, es una parte importante de todo esto–, me refiero también a generar un impacto positivo en tus alrededores, a tener todo el amor y la felicidad que te mereces en tu vida.

Ese dinero que estás buscando lo tiene el cliente que acaba de entrar al negocio; ese amor que estás buscando lo tiene aquella mujer u hombre a quien no te has atrevido a saludar; esas buenas experiencias de vida que anhelas están en esos lugares que no te has animado a explorar. Todo el bienestar, todas las emociones y satisfacciones están a una decisión de distancia: esa decisión es aprender a vender.

VENDER ES LA EXPRESIÓN DE AMOR MÁS GRANDE QUE EXISTE (SI LO HACES DE LA FORMA CORRECTA, CLARO)

Siempre digo que vender es quitar el dolor de la vida de alguien más. Aquí está una de las ideas que tenemos que eliminar de nuestras mentes: hay muchos vendedores que sienten un tipo de culpa a la hora de vender, como si se tratara de algo sucio, como si estuvieran aprovechándose de sus clientes a la hora de inspirar   una   venta.

Cuando vendes una casa, por ejemplo, no estás arrebatándole el fajo de billetes a tu cliente, estás otorgándole a cambio de su trabajo un espacio donde vivirá con su familia, un lugar de seguridad. Estás vendiéndole el aroma de la

Ningún ser humano decente quiere ser esa persona que causa dolor en la vida de los otros, ¿o sí? Lo que queremos es hacer un bien para los demás y para nosotros mismos.

cocina con el café de la mañana, las marquitas en la pared conforme sus hijos crezcan, las navidades con la familia. Estás vendiéndole seguridad, amor y recuerdos.

Si vendes un auto para una mamá soltera estás dándole la oportunidad de trasladarse con seguridad, de llevar a sus hijos a la escuela cómodamente, de salir de paseo los fines de semana y tener momentos memorables para el resto de su vida.

Mientras estés ofreciendo un buen producto o un buen servicio, no estás arrebatándoles el dinero a tus clientes: estás agregando valor a sus vidas. (Y bueno, si vendes productos que no entren en esta categoría, prefiero que mejor dejes de leer este libro y te dediques a otra cosa.)

Ahora, sé que quizás ahora estés pensando algo como;
"Pero Cris, es que no sé si lo puedan pagar y aparte hay intereses, ¡Se están endeudando!" Y solo te diré…. ¡Qué lo entiendo!

Y el hecho de que te preocupes por tu gente es lo que te hará un buen Personal Seller, pero tienes que cambiar tu paradigma sobre esto, hoy mismo. Los diamantes no se hacen a base de apapachos y hablarles bonito, ¿Cierto? Bueno… ¡Tampoco las grandes experiencias de vida, los grandes logros y mucho menos el subir tu calidad de vida!

Así como los diamantes existen cuando se les aplica fuerza, cuando pasan un proceso de "estrés" es lo mismo con los seres humanos; debemos pasar procesos de retos personales para crecer y ser mejores. ¿Y quién quita que en el proceso de pagar tu producto o tu servicio tu cliente no se esfuerce más, crezca y aprenda de eso?

De nuevo, véndele cosas a la gente que le va a servir.
Y si prometes algo, más te vale cumplir con toda tu palabra.

Pero, como mi padre dice, "la obscuridad es más fácil que la luz", como todos los mentores de desarrollo personal dicen "la zona de confort es más fácil que el crecimiento" y como una gerente de ventas que conocí decía:

"Shit is warm and cozy"

Por no repetir majaderías no te voy a traducir esa frase (já!) pero, bajo tu propio riesgo, búscala en Google y sabrás a lo que me refiero: ¡A qué parte de tu misión como Personal Seller será no dejar que tu cliente se salga con la suya al poner excusas que le eviten crecer! ¿Me explico?

Y si quieres aún más pruebas de que vender puede ser el acto de amor más grande que existe, te lo pongo de forma sencilla:

Vender es acercar a la gente al placer, a sus sueños.
Vender es alejar a la gente del dolor, de sus miedos.
Vender es alzar la mano por tu cliente cuando el no tiene el valor de hacerlo.

Si ves vender así, vender es la profesión más increíble del universo y un absoluto requisito para quien quiere construir un legado.

"Pero Cris, vender es manipular a la gente, no me digas que no!"

¡Y claro que te diré que no! Por que si sigues pensando así, nunca lograrás vender con éxito. Vender desde el corazón (con intención de servir) directo al corazón no es manipular es INSPIRAR a través de tu energía a una persona a ser mejor y a crecer.

¿Quieres hablar de manipulación? Manipulados por su propia mente y su ecosistema aquellos que con talento y oportunidades permanecen pobres de bolsillo (y por ende normalmente de mente). Ellos sí han sido manipulados a tal punto que creen que el dinero, una herramienta para servir, es "mala".

Pobres ellos, ¡así que sal a inspirar, con todo!

VENDER ES EL MAYOR EJERCICIO DE DESARROLLO PERSONAL QUE EXISTE

Hay una diferencia entre vivir y sobrevivir. Sobrevivir es sencillo: uno no necesita como humano más que agua, cobijo, sustento. Nacemos, crecemos, nos reproducimos, morimos. Pero, si estás leyendo, seguro eres de los míos y quieres mucho más que esto. Te tengo una noticia: eso que quieres está muy, muy lejos de la comodidad de tu sillón.

Nadie hizo cosas grandes tirado en su sillón rascándose el ombligo, eso te lo puedo asegurar. Es muy cómodo ser como los pingüinos de *Madagascar*, gorditos y bonitos, pero vaya que también es muy aburrido tarde o temprano. Es lejos de tu zona de confort donde la cosa se pone buena, verás que una vez que te asomes nunca volverás a ser igual.

Eso sí, nada de esto viene gratis. Para levantarse del sillón y caminar lejos toca exponerse a la incertidumbre, al miedo del futuro. Allá afuera hay un monstruo enorme que se llama rechazo y que intentará mandarte de nuevo a tu cuevita a la menor provocación. Por si fuera poco, adentro de ti hay otros monstruitos, esas vocecitas que te invitan a regresar a tu sillón calientito, a no buscar más.

Pero, si le echas las ganas suficientes y logras cruzar esa barrera para dejar de ser ese pequeño pingüino cómodo y pachoncito, te prometo que lograrás un impacto que nunca te habías imaginado. Después de enfrentarte a todos eso miedos y todos esos obstáculos te darás cuenta de que en realidad eres mucho más grande que ellos.

No te prometo que será fácil, pero sí te prometo que si te quedas lo suficiente podrás llegar a un nivel de mentalidad que te seguirá impulsando hasta llegar tus metas. **Todos venden**, cuando lo aceptes, lo abraces, lo asumas como parte de tu desarrollo personal, al fin estarás en el camino hacia un cambio radical en tu vida. Comienza un proceso de transformación, de profundo cuestionamiento de todas las técnicas que habías dado por sentadas hasta el día de hoy, comienza el camino hacia una nueva realidad en el mundo de las ventas, comienza todo un nuevo camino, ya no como un vendedor promedio, sino como **Personal Seller**.

EL PUNTO SIN RETORNO: ¡BIENVENIDO!

Todos tenemos un momento en nuestras vidas donde las cosas dan un giro radical. Un momento en el que nuestra perspectiva cambia, en el que comenzamos a ver las cosas de otra manera. Todos tenemos un despertar que nos ayuda a encontrar el mejor camino para nosotros.

Si leyendo estas palabras, acudiendo a los cursos de **MAS Academy**, platicando conmigo por mis redes, leyendo mis artículos, logré compartir aunque sea un poquito de mi energía, si mis argumentos y experiencia lograron inspirarte a llevar una mejor vida, a levantarte de tu sillón, aventar tu cobijita y salir a explorar las posibilidades, si alguna de estas cosas suceden gracias a lo que estoy compartiendo contigo, si replanteas tu relación con el mundo de las ventas y la manera en que te ves a ti mismo dentro de él, me doy por bien servido.

Quiero ser esa persona que te acompañe en el camino hacia una vida increíble, yo camino diario hacia allá y estoy pasándola increíble en cada paso, ¿te animas?

Bueno, si te animas, te tengo una primera misión:
Búscame en redes sociales, me encuentras en todas prácticamente, como Cris Urzua y cuéntame: ¿Qué logros has tenido hasta ahora con lo que has aprendido en el libro? Si me impresiona tu historia ¡Hasta podría invitarte a una entrevista en mi podcast donde te escucharían cientos de miles de personas!

Así que tienes una misión, ¿La cumples ahora o ignoras esto y sigues leyendo?

¡Anda! Toma acción, no seas apático.
Te espero en redes, casi siempre contesto yo mismo.

Ahora sí:

El siguiente capitulo.
**No, no es cierto… ¡No sigas
hasta haber completado la misión
Que te deje antes!**

Bueno, ya en serio…

Los 13 mandamientos del **Personal Seller**

I

Un vendedor no nace, se hace.

Regresas una noche a tu casa, con tus pies hinchados y la moral en el suelo. Cansado, con ganas de ver una película mensa en Netflix o un partido de fútbol que no te importe demasiado. No es la primera noche que sientes esto y sabes que muy probablemente no será la última. Llevas una, dos, tres, cuatro semanas sin cerrar ventas. Comienzas a preguntarte si realmente sirves para esto. Además, te encontraste en el elevador a uno de tus compañeros y alardeó sobre lo bien que le está yendo estos días, sobre la gran respuesta que ha tenido de sus clientes. Entras a Facebook y ves publicaciones inspiracionales de Cris Urzua y dice "Aaaay que flojera este tipo!", sigues buscando el fondo del muro de Facebook y ves gente a la que parece estarle yendo increíblemente bien. Entras a Instagram y ves a tus compañeros de la preparatoria en sus viajes a Disneylandia, a Dubai, a alguna playa remota y lujosa.

Todos están felices, todos merecen la abundancia que tienen, a todos les está yendo bien, para todos parece ser lo más fácil del mundo… mientras tanto, a ti no te pasa así. Sigues scrolleando en Facebook, te odias un poco a ti mismo porque todos la están rompiendo y tú no. Esa frustración te paraliza, ¿para qué intentarlo? Está claro que tú no estás hecho para lograr eso que todos ellos han podido lograr.

¿Te suena? Te tengo un secreto: la vida no es fácil para nadie, todos nos hemos enfrentado a obstáculos y lo seguiremos haciendo por el resto de nuestras vidas. El gran problema es que, cuando entramos en una mala racha (laboral, emocional, familiar o en la vida en general), tu cerebro comienza a cavar un hoyo. Comienzas a pensar que el problema eres tú, que los clientes te encuentran detestable, que nunca en la vida encontrarás a la pareja de tus sueños, que tu familia te odia, que el universo conspira contra ti.

El cerebro es maravilloso y tiene unos poderes increíbles, tanto para el En momentos como éste, que seguro te ha de sonar familiar, tu cerebro *bien como para el mal.*

encontrará mil maneras de convencerte de que eso es la realidad, de que es imposible que logres aquellas cosas que deseas, de que no vale la pena intentarlo y da lo mismo te quedas en tu sillón a contemplar las historias de Instagram mientras comes Cheetos.

Logrará inventarse historias para que puedas evadir el dolor que estás viviendo, en lugar de encargarte de él directamente. Tu cerebro siempre encontrará la manera de justificar la realidad que estás viviendo, de interpretarla para volverla mucho más grande que tú, para convertirla en algo que ya es así y que, por lo tanto, no puedes cambiar.

Es hora de dejar de pensar que las cosas están decididas, que si no vendes tanto como tus compañeros es porque no naciste para vendedor, que si no logras mantener una relación estable es porque no naciste para el amor, que si tu vida está muy lejos de lo que deseas es porque a ti eso no te toca. ¿Te cuento un secreto? Compararse con otros nunca le ha servido a nadie, ¿qué tal si empiezas a compararte con la mejor versión de tú mismo que puedes ser? ¿A dónde llegarías si empiezas a tomar cartas en el asunto?

Durante los años que he dado clases en programas como **Inspire Mentorship**™ y **Selling Through Service**™ con la **Certificación Personal Seller** he conocido a una cantidad impresionante de vendedores que jamás habían vendido en su vida. Gente de muchísimos perfiles distintos, con niveles diferentes de preparación y personalidades de todo tipo: ¿sabes qué tenían todos ellos en común? Unas ganas imparables por aprender y prepararse.

Aprender a vender es un proceso que empieza en el momento en que decides comenzar a ver tu vida de otra manera y, más importante, en el momento en que aprendes a verte en el espejo y reconocer a alguien que de verdad puede lograr las cosas. Después de esto, lo que sigue es practicar, practicar, practicar. Si te mantienes de pie entre prospectos fallidos, tropiezos y frustraciones, te aseguro que cada vez conocerás mejor el ecosistema de las ventas, verás que las objeciones se repiten, aprenderás a leer los rostros y el lenguaje corporal de tus prospectos, entenderás cómo funciona esta maquinaria y podrás manejarla cada vez mejor.

Alguna vez un jefe que tuve me compartió una metáfora que viene mucho al caso en este momento: Cuando entras al mundo de las ventas, es como si estuvieras subiéndote a un poste a arreglar una luz y trajeras sólo un paquete de curitas y unas ligas. Claramente no vas a llegar demasiado lejos con esto. Es eso mismo lo que sucede cuando decides aventurarte en el mundo de las ventas sin preparación suficiente. Incluso los manuales que suelen compartirse en los trabajos tienen grandes vacíos: no hablan sobre tonalidad, expresión, sobre la importancia de saber improvisar y resolver las crisis. Ahora, si comienzas a enfrentarte cara a cara con tu proceso (sé que suena aterrador, pero cada vez lo es menos), cada que conectas con alguien es como si adquirieras una nueva herramienta y la vayas agregando a tu cinturón de "Personal Seller".

¿Alguna vez has oído ese dicho que dice que si quieres hacer reír a Dios le cuentes tus planes?

En el mundo de las ventas es especialmente cierto: cualquier acercamiento o estrategia que tengas planeado se derrumbará en cuanto tengas el primer contacto con tu prospecto.

Es por esto que tienes que estar listísimo siempre, nunca debe faltarte un As bajo la manga. Ningún posible cliente es igual a otro, y con la práctica (y mucha atención, siempre mucha atención) irás descubriendo cómo interpretar lo que te dicen y lo que no te dicen. No se trata de memorizar las posibles respuestas y repetirlas como un pequeño robot, sino de lograr conectar en un nivel humano con esa persona para poder ofrecerle soluciones y darle un valor agregado en el proceso de las ventas.

Todos lo sabemos: las cosas buenas no llegan de la noche a la mañana, y menos las cosas increíbles. Para eso tienes este libro en tus manos: estás comenzando un viaje increíble hacia una vida épica. Ya verás que esto se pone muy interesante.

Es absoluta mentira que se "nace para vendedor", ¡Para vendedor se entrena y se entrena a diario! Es como viral gimnasio, mueves el músculo hasta que crezca.

Para concluir con este capítulo, hagamos un pequeño ejercicio de reflexión.

¿Cuáles son las 5 cualidades principales con las que consideras que naciste? (Por ejemplo, puede ser que seas muy listo, que tengas mucha energía, o que seas muy empático.)

1. _____

2. _____

3. _____

4. _____

5. _____

Ahora, quiero que escribas las cinco cualidades que has ido adquiriendo con el tiempo. Puede ser, por ejemplo, que hayas aprendido a escuchar atentamente a la gente, que hayas desarrollado buenas maneras de explicar tus argumentos o que con el tiempo te hayas vuelto buenísimo para leer los gestos de la gente.

1. _____

2. _____

3. _____

4. _____

5. _____

¿Cuáles de estas cualidades te han ayudado o te podrían ayudar a convertirte en un Personal Seller increíble?

Ahora, quiero que pienses en cinco cualidades que crees que necesitas adquirir para ser un Personal Seller. Puede tratarse, en este caso, de cosas como ser más persuasivo, ser más paciente o más perseverante, por ejemplo.

1. _____

2. _____

3. _____

4. _____

5. _____

Estos son tus objetivos. No te detengas cuando hayas alcanzado alguno de ellos, renueva esta lista continuamente. Obsérvate a ti mismo y observa a tus compañeros. Aprende de tus errores y los suyos, aliméntate de tus fortalezas y las suyas.

Para vendedor no se nace, se entrena y ya lo estás haciendo.

II

Los rasgos de mi personalidad no me detienen, me impulsan.

Uno de los proyectos más locos y con más aprendizaje que he hecho es mi *reality show Venta Perfecta*. El programa consiste en viajar a distintas ciudades para dar consultorías específicas a distintos vendedores. Para poder planear las sesiones de manera personalizada, una de las primeras cosas que les pregunto a los participantes era, frontalmente, ¿qué vamos a vender?

Fue en un episodio muy especial del *reality* donde conocí a Fernanda, una vendedora increíble de la Ciudad de México. Fernanda tiene un negocio muy exitoso de Scrapbook (diseño de artículos con papelería para eventos) y en ese entonces acababa de tener una bebé preciosa. Cuando le pregunté sobre sus expectativas con el programa, me dijo algo que me ha dejado pensando desde entonces, algo que me dejo impactado;

"Cris yo no quiero vender más… ¡Quiero que me quites esta timidez horrible que me ataca desde pequeña! Solo me va bien porque vendo por Internet y no hablo con nadie pero ahora que nació mi hija, no puedo permitirme darle ese ejemplo. Tengo que ser mejor, por ella, por mi. Ayúdame"

Madres. Así. Duro. Directo. Casi no pedía nada de mi Fernanda, la misión comenzó con el pie derecho, un reto nuevo.

Cuando llegue a Ciudad de México, el día uno Fernanda me contó su historia. Me mencionó que de pequeña era la típica niña que se sentaba hasta atrás en el salón y no preguntaba nunca nada por vergüenza. Esta vergüenza la siguió acompañando en su adolescencia y su vida adulta al grado de no atreverse a alzar la voz en su trabajo. Habiendo arrastrado esta timidez toda su vida, fue hasta que su bebé nació cuando se dio cuenta de la carga que había significado y de lo terrible que le parecía heredarle eso a su bebé.

¿Alguna vez te has sentido así? ¿ Alguna vez has pensado que tu opinión no cuenta? ¿Que es mejor quedarte callado? ¿Has sentido que tu timidez es una carga?

Lo importante del caso de Fernanda no es que se trate de una persona extrovertida o introvertida, sino que es una persona que detectó un patrón en sus conductas que había estado impidiéndole hacerc o s a s y desarrollarse plenamente. Hay demasiadas personalidades distintas

como para poder encasillarlas en dos categorías nada más. Hay muchas formas distintas de ser tímido, y esto no necesariamente es algo malo. La solución está en analizar tus conductas y revisar qué tanto están influyendo en tu vida y tus ventas.

Hagamos un ejercicio de imaginación.

Tómate un momento para cerrar tus ojos e imaginarte al *vendedor ideal*.

¿Cómo se ve?

¿Cómo se mueve?

¿Cuáles son sus cualidades principales?

1. _____

2. _____

3. _____

4. _____

5. _____

Te puedo asegurar que muchas personas verían, por ejemplo, a un vendedor con una gran sonrisa, con una facilidad para hablar impresionante, mucho carisma y todas las respuestas a la mano. Un vendedor presentable, pulcro y amable. Incluso, tal vez, un vendedor que haga reír a sus prospectos, que sepa incluir un par de chistes muy simpáticos en su *pitch* y pueda platicar sin ningún problema. Pero, ¿qué sucede cuando no eres así de extrovertido? ¿Cómo puede subsistir un vendedor que no tiene una gran facilidad de habla?

¿Será que el vendedor tímido está destinado al fracaso para siempre jamás?

Una cosa que tengo muy clara gracias a mi experiencia entrenando a decenas de miles de estudiantes de MAS Academy y a las decenas de miles de historias de las que he sido testigo es que muchos –de verdad muchos– de los mejores vendedores que se han cruzado en mi camino no eran precisamente el alma de la fiesta. Es momento de dejar de pensar que para que logres cerrar una venta tienes que hablar hasta por los codos. Es más, hasta me atrevería a decirte que muchas veces ser así de parlanchín puede hasta jugar en tu contra.

Una habilidad que sí es indispensable para ser un gran vendedor es saber escuchar. Por más que seas un gran conversador o que te sepas los mejores chistes relacionados con tu producto, nada te ayudará tanto como poder realmente ver y escuchar a tu prospecto. ¿De qué otra manera podrías saber cómo presentarle tu producto de la forma más atractiva para él o ella? ¿Cómo podrías predecir sus objeciones antes de que las digan para adelantarte a ellas?

Es muy importante que como vendedor siempre tengas presente que se trata sobre ellos, no sobre ti. Escuchar suele ser más importante que hablar muchas veces.

Tu *pitch* tiene que ir de la mano con la personalidad de tu prospecto para que entiendan que aquello que les estás ofreciendo verdaderamente les servirá a ellos, en ese momento de su vida, para tener una vida mejor. Poder conocer los dolores, los miedos y las necesidades de tu prospecto es la herramienta más poderosa que puedes tener a la hora de acercarte a ellos. Tu atención tiene que estar completamente enfocada en ellos, para que seas capaz de ofrecerles la mejor alternativa, para agregar valor al proceso de venderles algo.

Si eres un vendedor que sabe escuchar, puedes responder a las cosas que escuchas por parte de tu prospecto en lugar de seguir un guión predeterminado en el que se pasa por alto la interacción humana. Si pones atención real a lo que tu prospecto está pidiéndote sin duda podrás encontrar el camino ideal para llegar a él, para ofrecerle exactamente eso que está buscando, eso que desea.

Por otro lado, es importante que nos detengamos un momento en las ideas que tenemos de las personas extrovertidas e introvertidas. En esta vida, es muy ingenuo pensar que podemos colocar a las personas en una casilla específica, que la humanidad puede verse en términos de blanco y negro. Piensa un instante

La mayoría de nosotros vive en un área gris con diferentes facetas entre extrovertido e introvertido. Lo importante aquí es entender bien cómo funciona tu cabeza para que puedas aprovechar al máximo tus

habilidades.

en las personas que te rodean, en quienes consideras como extrovertidos o introvertidos, y las situaciones en que los has visto para llegar a esta conclusión. Todos tenemos un poco de los dos mundos, situaciones en las que nos sentimos más seguros para ser extrovertidos o situaciones en que nos cuesta más trabajo interactuar con otras personas. Al final del día, la idea de los polos completamente opuestos es falsa.

Cuando doy una clase o una conferencia siempre necesito pasar un rato a solas después. Conocer esto sobre la manera en que trabaja mi mente y en que me recargo de energía me ha servido muchísimo para poder ser mucho más exitoso. Sé que puedo hablar frente a cientos o miles de personas y darme a entender, conectar realmente con ellos; también disfruto las reuniones sociales y puedo pasarla muy bien rodeado de gente; pero también sé que necesito tomar un espacio de vez en cuando para seguir hacerlo. No podría decir que soy extrovertido o introvertido todo el tiempo, todo es relativo y he aprendido a sacar al Cris platicador y a apapachar al Cris silencioso cuando hace falta.

Lo que quiero decirte con esto es que es

Tú eres tu única hora de dejar de descalificarte por creer

herramienta e ir que eres tímido o introvertido y empezar a

conociendo tus fortalezas te hará llegar lejísimos. buscar las fortalezas en tu personalidad. Puedo asegurarte que he conocido

grandes vendedores tanto introvertidos como extrovertidos: ningún vendedor es igual a otro, hay que explorar qué tipo de vendedor eres cómo usar aquellas herramientas que ya tienes a tu favor, fortalecerlas cada vez más, y aprender a desarrollar aquello que hace falta. No hay imposibles.

No necesitas ser el vendedor más parlanchín del mundo mientras lo que digas esté fundamentado, mientras hables con convicción y creas en tu palabra. La timidez no debe de detenerte al promocionar tu producto, al confiar en aquello que sabes y en el valor que tiene lo que estás ofreciendo. Si tienes un buen producto y te has preparado de manera adecuada, nada será capaz de detenerte.

Las justificaciones son formas en que nuestras mentes nos convencen de que no tiene sentido intentar mejorar. Si tu producto vale la pena, no dejes que la timidez te detenga de llevarlo al mundo y llevar con él felicidad y bienestar para las personas. No dejes que los rasgos de tu personalidad te

Existen vendedores i n c r e í b l e s t a n t o introvertidos como extrovertidos. Los 2 tienen herramientas diferentes y cuando las sabenusar, tienen resultados.

detengan, explóralos, abrázalos, y aprende cómo utilizarlos siempre a tu favor. Recuerda siempre: no hay un solo tipo de Personal Seller "ideal", cada prospecto conectará con diferentes personalidades y la tuya es tan buena como todas las demás.

III

La universidad no es una obligación: Hay muchas maneras de educarse.

¿Por que los "muggles" tienen tanto miedo a llamarse vendedores?

Fácil: Por que si yo pensará que me van a ver como un vendedor latoso, yo también tendría miedo (¡Ah! Y por "muggles" me refiero a la gente normal, no tú, no yo, eso lo sabes. Puntos extra si eres fan de Harry Potter y entendiste la referencia).

¿Por qué será que los "muggles" tiene tanta resistencia a llamarse a sí mismo "vendedores"? Por que hay una idea generalizada que tenemos metida muy en el fondo de nuestras cabezas en la que ser vendedor no es algo de lo cual sentirse orgulloso, es algo que se hace más por necesidad que por convicción. Vendedor no es solamente aquel que entra en el negocio del multinivel, ni el ejecutivo del banco que va a marearte con sus palabras.

Lo he contado varias veces ya: mis papás querían que yo fuera todo menos vendedor. Durante mis locos años de adolescencia, mientras buscaba a qué dedicarme y andaba dando vueltas sin mucho rumbo, yo tampoco pensaba ser vendedor. Mis papás me dijeron durante toda mi vida que ellos habían trabajado tanto en las ventas para poder darme una educación, para que me dedicara a otra cosa que no fuera vender.

Dejemos atrás el temor que le tenemos al concepto de las ventas y abracémoslo como algo necesario para todo aquel que desempeñe un trabajo donde quiera llegar lejos, ¿Te parece?

Y de paso dejemos la palabra "vendedor" atrás y trabajemos por convertirnos en un verdadero Personal Seller. Hay palabras que se han vuelto tóxicas ante la mente de los "muggles", una de ellas es "vendedor" tristemente.

Pero lo importante aquí es que no es sólo quien se llama vendedor el que necesita tener habilidades para las ventas. En realidad, todos nos podemos beneficiar de tener estas habilidades en nuestras vidas. Yo he tenido estudiantes

Hay palabras que se han vuelto tóxicas ante la mente de los "muggles", una de ellas es "vendedor" tristemente. ¿Por qué no la dejamos atrás? Mata al vendedor hoy mismo y tus ventas subirán por consecuencia.

que van desde el doctor que quiere saber cómo presentar sus servicios de mejor manera, hasta el físico o químico que quiere saber cómo ofrecer lo que hacen. Un contador tiene que saber cómo presentar su trabajo, experiencia y conocimiento para que sus clientes no sólo confíen completamente en él, sino que lo recomienden. Un dentista tiene que saber cómo presentar los tratamientos para que sus pacientes reciban la mejor atención posible. Un maestro de universidad tiene que saber venderse tanto con las instituciones como con sus alumnos para demostrar que es la mejor alternativa en su ámbito. Un abogado tiene que saber presentarse como el mejor abogado del mundo, la mejor decisión para quien enfrente un proceso legal.

En las épocas de nuestros abuelos era muy común decir que si tenías un producto o servicio bueno, los clientes llegarían solitos. Esto, aunque nos duela aceptarlo, está cada vez más lejos de la realidad. La gente ya no llega sola por una simple razón: hay demasiadas cosas sucediendo todo el tiempo. Tenemos montones de estímulos llegando por todos lados, abrimos Facebook, Twitter, Instagram o YouTube y encontramos publicidad (desde la que las mismas plataformas nos presentan hasta a nuestros conocidos de la primaria promocionando sus productos).

¿Cómo podemos lograr destacar en estos tiempos tan saturados? ¿Cómo hacer que los clientes volteen hacia donde estás tú en lugar de hacia donde está la competencia? Hoy por hoy, ya nada se vende solo.

La pregunta aquí es: ¿Cómo me hago destacar entre tanto ruido y al mismo tiempo no sueno como vendedor cliché? ¿La respuesta?

Educación Alternativa.

Hoy por hoy la manera en que pensamos en la educación es demasiado limitada. Hablar de educación no necesariamente significa ir a la universidad, presentar exámenes o conseguir un papelito. Educarse también es leer, es acudir a cursos, ver *webinars*, informarte y adquirir las herramientas necesarias para que la seas el mejor vendedor que puedes ser.

Si solo te educas de forma tradicional, solo tendrás resultados tradicionales.
Si inviertes en educación "alternativa", tendrás resultados alternativos.
Y creéme, vender mucho, proveer, ser feliz o hacer millones no son resultados tradicionales, lo tradicional es sufrir todo lo contrario.

Sí, volverte "vendedor" puede ser muy fácil. El mundo de las ventas le abre sus puertas a cualquiera que quiera intentarlo, pero lo que no te dicen es que así de fácil como entraste, así de fácil te sacan por la puerta trasera.

¿Has oído decir que en un futuro todos los trabajos que hacemos las personas podrán ser sustituidos por máquinas?

Bueno, pues ¿Quién crees tú que estará vendiendo esas máquinas? ¡Un Personal Seller, no un vendedor!

Así de importante es la labor del Personal Seller por que quien vende con servicio y valor es irremplazable, y lo seguirá siendo con todo y los avances tecnológicos y la evolución en las maneras en que compramos. No hay un solo negocio en el mundo que pueda salir adelante sin alguien que se dedique a las ventas: ni uno solo. No existe dinero para pagar la renta, la nómina o para producir si no existen las ventas.

Para convertirte en un Personal Seller irremplazable, tienes que educarte en tu producto, tienes que estar listo para responder todas las preguntas y para escuchar a tu prospecto. Tienes que saber cómo agregar valor, cómo vender con servicio. Tienes que estar dispuesto a aprender, justo como lo estás haciendo teniendo este libro entre tus manos. Necesitas entrenarte, prepararte: quien diga que las ventas son para gente sin preparación no tiene idea de lo que está hablando, y seguramente son pésimos vendedores o vendedores promedio (¡Lo cual es peor! El vendedor malo se rinde, el "promedio" se estanca y vive ahí por años y años y años…).

Es aquí donde entra en acción todo esto que hemos construido con tanto amor y tanta dedicación para ti y para todo aquel que haya decidido dar el paso de prepararse. Todo el trabajo que hacemos en **MAS Academy** con programas como *Selling Through Service*™ y la certificación **Personal Seller** es para mandarte al mundo de las ventas listo para enfrentarte a todos los obstáculos.

Prepararte para ser un gran vendedor con nosotros significa dejar de fantasear con el Lobo de Wall Street y comenzar a basar tus ventas en el amor, en la conexión emocional entre tu prospecto y tú. Significa también comprender la transformación del mundo en el que vivimos para poder usar estas herramientas de comunicación de manera que maximicen los beneficios que obtenemos. En cursos como éste aprenderás sobre prospección, negociación, seguimiento y expansión. Aprenderás a vender cualquier producto o servicio que quieras a través de una comprensión profunda de ciertas bases relacionadas con tu presentación, con lenguaje corporal y con el proceso de ventas. ¿Sigues pensando que las ventas son para aquel al que le dé flojera prepararse? No hay razón para avergonzarse de elegir este camino que es tan digno y apasionante como tú quieras que sea.

Es momento de hacer un compromiso contigo mismo. Quiero que anotes en las siguientes líneas 6 razones por las cuales SÍ o SÍ vas a invertir en tu educación alternativa a partir de hoy.

6 razones que indiquen por que ya es una prioridad para ti, por que te urge hacerlo, que vas a obtener si lo haces o que vas a obtener si no lo haces.

1. _____

2. _____

3. _____

4. _____

5. _____

6. _____

¡Invierte en ti mismo! Sea con MAS Academy o con quien quieras, pero hazlo . Tu capacidad de transformar información en tu realidad es indispensable y espero haya quedado claro que no queremos una "realidad tradicional".

Y aquí te va el comercial, si quieres saber más sobre nuestros programas de educación alternativa, visita www.crisurzua.com o www.mindsetandskills.com.

Entender este punto cambio mi vida y sé que hará lo mismo por ti.

IV

Voltea a ver tus imperfecciones, siempre.

Llevas un buen rato trabajando con un prospecto. Respondiste todas su preguntas e intentaste convencerlo de distintas formas. Después de todo el esfuerzo, te sentencia con el terrible "No, gracias". Tu mundo, aunque sea por un instante, se derrumba y piensas, "es que no estoy hecho para esto, yo no soy bueno para las ventas". Para cuando llegue tu siguiente prospecto, tú te sientes derrotado de entrada, sientes que no estás en el lugar correcto.

¿Te ha pasado esto? ¿Te has puesto a pensar por qué te pusiste a ti mismo esta etiqueta? Es probable que tu historia te haya llevado a este lugar, que los fracasos del pasado hayan hecho que adoptes el papel de un mal vendedor frente a todas las circunstancias. Pero es importante que asumas que nadie más te colocó esa etiqueta, fuiste tú mismo quien decidió asumir ese papel.

Esto nos lleva a la siguiente etapa de nuestra reflexión, ¿en qué te beneficia ponerte una etiqueta de ese tipo? Decir que no eres bueno para las ventas hace que lo más lógico en tu cabeza sea dejar de intentar, lo que te alejará del rechazo y la horrorosa y pesadísima culpa que viene con él. Si tienes una imposibilidad completa para dedicarte a las ventas, si lo que te hace falta es ese "talento" que no puedes conseguir así como así, entonces no tiene ningún caso que entrenes, que te prepares, te informes y le inviertas tiempo y esfuerzo a convertirte en un buen vendedor. Eso es lo que el bichito conformista que vive en tu mente quiere que creas mientras evades tu responsabilidad y mejor te pones a ver por tercera vez todo *Friends*.

Recordemos que nuestras mentes encuentran mil y un maneras de darnos la vuelta para mantenernos seguros, cómodos y enroscaditos en nuestro sillón.

Aventar tus responsabilidades lo más lejos posible y voltear al otro lado es la receta para un fracaso épico disfrazado de comodidad. La burbujita de que puedes vivir sin saber vender tarde o temprano explotará en tu nariz. Sin importar qué sea lo que produzcas, saber venderlo es un paso que no puedes saltarte si realmente quieres tener las riendas de lo que haces.

Aprender a vender es una manera increíble de empoderarte: el momento en que te vuelves responsable de las etiquetas que tú mismo te has colocado y te cuestionas realmente a dónde te han llevado tus actitudes y perspectivas es cuando realmente podrás tomar las riendas de tu propia vida.

Pensemos por un momento en esas historias que nos hemos estado contando toda la vida. ¿Cuáles son los defectos de ti mismo que más detestas? ¿Los que más te han detenido durante tu vida?

1. _____

2. _____

3. _____

4. _____

Ahora quiero que pienses de forma muy creativa y positiva: ¿Qué pasaría en tu vida si logras ser, tener o hacer exactamente lo opuesto a cada una de las cosas que acabas de escribir? ¡Vas, escríbelo!

1. _____

2. _____

3. _____

4. _____

Sé que puede ser doloroso, ver hacia adentro muchas veces da un miedo tremendo, pero es un paso necesario para poder derrumbar esas perspectivas que nos están deteniendo.

Reflexionar sobre tus maneras de manejarte en el pasado es indispensable para poder dejar de cometer los mismos errores. Para alcanzar tu máximo potencial, hace falta mucha autocrítica y mucha autoexploración, uno no puede quedarse solamente con un pretexto tan simple como "no tengo talento para las ventas". Eso no es suficiente.

Uno de los grandes problemas de ser adulto consiste en las barreras que vamos construyendo. A lo largo de los años, los fracasos y tropezones se convierten en una especie de armadura mental. Es humano intentar evitar a toda costa las situaciones que nos causaron dolor o frustración. Cada una de las ventas que no se lograron están acumuladas en un rinconcito de tu cabeza, esperando a salir a modo de pretextos para evitar que trabajes para superarlas. Es hora de transformar esas voces en aprendizaje.

¿Por qué no darles la vuelta a esas ideas que tienes de ti mismo? Una estrategia clave para hacer esto es enfocarte en lo bueno. Todos tenemos debilidades, pero depende de cada quién hacer que éstas pesen menos que nuestras fortalezas.

Pensar que no eres bueno para vender es un problema demasiado ambiguo para buscar una solución concreta. ¿Qué significa para ti decir que no eres bueno para vender? ¿Qué es lo que te falta? ¿Qué es aquello que tiene el vendedor ideal y tú no? ¿Puedes conseguirlo de alguna manera?

En lugar de enfocarte en esas carencias, ¿por qué no te enfocas en las cosas que tienes? Cambiemos el "no soy bueno para vender" por "soy bueno para ayudar a la gente", "tengo una energía contagiosa", "conozco mi

Recuerda: no hay un solo tipo de Personal Seller ideal, pero tú puedes ser ideal para tu cliente ideal, para el que conecte contigo.

producto a la perfección y sé a quién recomendárselo". Todas estas son maneras de lograr una venta.

El objetivo de este libro es poder agarrar todas esas ideas que has arrastrado durante toda tu vida, sentarnos a analizarlas y encontrar maneras de cambiarlas por ideas que te ayuden a tener una mejor vida y un mejor desempeño en tus ventas. Es muy importante que reflexiones sobre las razones por las que has sentido ese rechazo por las ventas, muy probablemente sea porque no te has informado lo suficiente, o porque has escuchado una y otra vez todos estos prejuicios frente a los vendedores.

El humano está programado para tenerle miedo a lo desconocido, como ese niñito que no quiere levantarse al baño en la noche por temor a lo que pueda encontrar en la oscuridad. Esto es algo natural y reconocerlo es necesario para superarlo.

Aceptar que hay muchas cosas del mundo de las ventas que todavía desconoces es más útil que pensar que simplemente no tienes talento. ¿Por qué? Porque es algo que puedes solucionar entrenándote, acercándote a mentores y aprendiendo de las experiencias. Es algo en lo que puedo ayudarte y es algo que puedes solucionar.

Pero debes estar dispuesto a ver tus áreas de oportunidad y trabajarlas.
No solo empoderando fortalezas saldrás adelante, ¡Modo Alumno siempre! Recuérdalo.

V

Las objeciones son un mapa.

"Ahorita no, joven", esa historia de terror. Muchos vendedores se desaniman terriblemente en cuanto reciben una objeción. Estamos acostumbrados a pensar que una objeción es una derrota, por eso nuestra energía decae cuando oímos el tan temido **"está muy caro"**, **"déjame pensarlo"**, **"tengo que hablarlo con mi mujer"**, **"sólo estoy viendo"**.

¿Qué pensarías si te digo que las objeciones no son malas? Que de hecho son absolutamente todo lo contrario.

El primer paso frente a una objeción es no permitir que tu mente se cierre pensando que ha sido derrotada, hay que trabajar por superar la objeción y darle la vuelta. Cuando somos rechazados, todo tu ser entra en modo de supervivencia y prefiere echarse para atrás, defenderse y cerrarse. Es aquí donde entra en juego este cambio de perspectiva: hay que dejar de temerles a las objeciones y comenzar a aprender de ellas. No son un simple obstáculo, pueden ser nuestra mejor fuente de información para conocer al prospecto.

Una vez que entendemos de dónde viene este proceso que sucede en nuestras mentes cuando somos rechazados, podemos aprender a controlarlo. Nadie logró todo lo que se propuso en el primer esfuerzo: el éxito consiste no en tener éxito infalible en cada ocasión, sino en aprender a levantarse, tomar las enseñanzas de los errores y tolerar la frustración.

Ahora, aquí te va algo que sonará a locura total: una objeción es de las mejores cosas que pueden pasarte cuando te dedicas a las ventas. Y no, te juro que no me volví loco.

Te explico por qué digo esto: por ejemplo, si alguien te dice que le parece que el producto que estás ofreciéndole es demasiado caro, en

Una objeción no es una NO, sino una solicitud de mayor información sobre tu producto o servicio.

realidad está pidiéndote que expliques el valor de la venta. Si alguien te dice que no es urgente comprar aquello que estás ofreciéndoles, es en realidad una pauta para que tú les expongas por qué es una buena idea hacerlo de una vez. Si alguien te dice que tiene que pensarlo, es porque está esperando más detalles de tu producto o servicio, más claridad en tu presentación.

Si sabes leerlas desde este lugar, las objeciones en realidad se convierten en una especie de mapa para tu proceso de ventas como Personal. Seller. Además, si pones la suficiente atención, verás cómo irás acostumbrándote cada vez más a interpretar lo que te están diciendo los prospectos y a anticiparte a las posibles objeciones que pasen por sus mentes.

¿Quieres oír algo mejor? Solo existen 2 categorías de objeciones que puedes llegar a recibir:

- Las que vienen de la naturaleza de tu producto.

    o "No me gusta el color de este auto."
    o "¿Es una piramide?"
    o "¿No lo tienes listo para ahora mismo?"

- Las que vienen de la naturaleza humana.

    o "Está demasiado caro."
    o "Necesito discutirlo con mi esposa."
    o "No veo cómo es mejor que la competencia."

Las primeras tienen que ver con especificaciones de tu producto, con las necesidades particulares de tu cliente. Las segundas tienen que ver con las condiciones en que tu cliente se encuentra. Son éstas las que requieren más trabajo uno-a-uno, más comunicación y valor agregado. **AQUÍ VOY**

Los seres humanos estamos programados para ahorrar energía y la manera más clara en que podemos hacer esto es ahorrando dinero. El dinero, claro está, equivale a horas de trabajo, horas de vida de una persona. Es por esto que a veces puede ser tan complicado convencer a un prospecto: en realidad no estás pidiéndoles un papelito a cambio de tu producto o servicio, estás pidiéndoles horas de su vida, esfuerzo que ya invirtieron.

En realidad, los billetes, las monedas y los plásticos que traes en tu cartera físicamente hablando no valen mucho, de hecho casi nada. Te toca a ti entender que lo que les da el valor es la cantidad de tiempo, atención y energía que invierte un ser humano en conseguirlos. Esos billetes, esas monedas y esas tarjetas son "vasijas mentales" que un ser humano va rellenando con una carga energética brutal dependiendo de cuando tiempo, dinero y atención le costo obtenerlas.

El dinero es solo un medio tangible para intercambiar energía, atención y dinero.

Por ende, una persona siempre querrá saber a dónde está yéndose esa energía que ya invirtió, querrá estar seguro de que realmente está tomando una buena decisión al hacer una transacción. Y siempre, siempre, siempre preferirá invertir la menor cantidad posible de energía, ya sea que se trate de comprar una paleta helada en la tiendita o un jet privado.

Aquí es donde entra en juego tu trabajo como Personal Seller: ¿cómo demostrarle a tu prospecto que eso que tu producto o servicio vale toda esa energía, atención y tiempo? ¿Qué tan bien puedes hacerle ver que esas horas de su vida están siendo destinadas a algo que las vale?

Estudios recientes aseguran que si tus clientes tienen objeciones que puedes superar, tú tienes alrededor de un 70% más de posibilidades de concretar tu venta. Las objeciones son amigos, no comida, no el "coco" y menos enemigas.

En este cambio de perspectiva como en todos los otros, la clave principal es aprender a desprendernos de los miedos que nos han estado atando de manos y pies durante todas nuestras vidas, sacudirnos las ideas que tenemos del mundo de las ventas y de lo que sucede dentro de las mentes de nuestros prospectos, y aprender a tomar las riendas de las situaciones y darles la vuelta para conseguir lo que estamos buscando.

Las objeciones son tus amigas, tus mejores amigas y es hora de que lo sepas.

Cada uno de los obstáculos con los que te encuentres es un pedacito de conocimiento que te ayudará a construir un panorama mucho más rico del mundo de las ventas. ¿Mi recomendación? Consíguete un pequeño cuadernito (yo le llamo pequeño libro de objeciones) y anótalas, estúdialas, reflexiona sobre ellas, e incorpóralas en tu mente para que cada uno de tus prospectos te encuentre mejor preparado que el anterior.

Empecemos las anotaciones aquí con un ejercicio que nos tomará un rato pero vale la pena completamente. Quiero que anotes las cinco objeciones más recurrentes que tienes en tu negocio:

1. _____

2. _____

3. _____

4. _____

5. _____

Ahora, respecto a cada una de estas objeciones, quiero que reflexiones sobre su naturaleza. ¿Cuáles responden a la naturaleza del producto? ¿Cuáles responden a la naturaleza humana?

1. _____

2. _____

3. _____

4. _____

5. _____

Una vez que has detectado el origen de las objeciones, quiero que pienses en una respuesta a cada una de ellas:

1. _____

2. _____

3. _____

4. _____

5. _____

Este es el inicio de tu pequeño cuaderno de objeciones. Debe ser un cuaderno pequeño, portátil, donde anotarás todas las objeciones que recibas. El momento en que uno anota algo, lo pone en palabras, se vuelve mucho más real. Y cuando algo es real, cuando está frente a nuestros ojos, es mucho más clara la manera en que debemos acercarnos a él. Es un proceso mental de aprendizaje que te ayudará a procesar mejor las objeciones y perderles el miedo.

Cargar con este libro en tu vida diaria te ayudará muchísimo a procesar las objeciones y encontrar siempre maneras nuevas de tratar con ellas. Recuerda que un prospecto y sus posibles objeciones son siempre oportunidades de aprender: uno nunca es el mismo después de un nuevo encuentro. De ti depende extraer todo el aprendizaje posible de estos encuentros.

VI

El prospecto no tiene la culpa…
(adivina quien sí).

Pensar que una venta no se concretó porque tu prospecto de todas formas no iba a comprar nada es de vendedores de la vieja escuela, no de un Personal Seller. Nuevamente se trata de tu mente metiéndote el pie (qué rara imagen, ¿no?, tu mente metiéndote el pie) para que las cosas se traten de algo que escapa tu control. Si el prospecto es el problema, entonces tú no tienes ninguna responsabilidad, no recae sobre ti el que una venta se lleve a cabo o no.

Esto puede ser un obstáculo enorme si no sabes cómo darle la vuelta y si no analizas sus raíces. He visto muchísimos vendedores arruinar su carrera por siempre culpar al prospecto, esto le pasa especialmente a los que llevan años vendiendo, a los muy engreídos o simplemente a los que nunca entran en #ModoAlumno.

Tus prospectos son tus mayores maestros, ¡en especial los que te dicen que no! Porque un Personal Seller vende y aprende, o no vende y aprende más.

> *Tus prospectos son tus maestros en especial los que te acaban de decir que "NO".*

Y aquí encontramos el primer paso que debes dar en el camino hacia una mejor relación entre tú y tus prospectos: debes estar convencido de que ningún prospecto es menos importante que otro. Muchos vendedores cometen el enorme error de tratar de maneras condescendientes a ciertos clientes y esto se nota. Más allá de si en ese momento el cliente tiene la liquidez necesaria para completar la venta o si la tendrá en unos meses, te puedo asegurar que en el momento en que vaya a hacerlo, se irá con el vendedor que lo trató con respeto.

Uno siempre es responsable de sus propias posturas y sus actitudes respecto a las situaciones que se le ponen enfrente. Pensar que los prospectos son malos es la salida fácil para no encontrar maneras de llegarles a través de sus necesidades, sus deseos y sus expectativas. ¿Qué sucedería si en lugar de echarles la culpa a los prospectos reflexionas sobre la manera en que tú te manejaste durante la interacción? ¿No valdrá la pena analizar la posibilidad de que tu acercamiento no haya sido el ideal? ¿Qué hubo dentro de tu prospecto que no supiste leer? ¿En qué momento fallaste al conectar con tu prospecto?

El hecho de que un prospecto se acerque a ti es un paso de valentía. Es decir, si tú ya estás cara a cara (o en una llamada telefónica, o chateando) con alguien que quiere saber sobre tu producto o servicio, tienes a tu favor el interés de este prospecto y su decisión por conseguir más información. No cometas ese error tan común de dejar de darle crédito al prospecto por haber dado ese paso.

Es muy fácil echarle la culpa al prospecto porque eso no nos confronta con nuestros propios métodos, con la posibilidad de que no estuvimos listos para responder todas su preguntas, de que no escuchamos lo que nos estaba pidiendo o fallamos al establecer un vínculo con él. Lo más honesto que puedes hacer como vendedor es reconocer que tu prospecto es una persona con deseos, necesidades y prioridades; así como buscar la mejor manera de acercarte a él y agregarle valor a su vida.

Hay una frase que yo repito mucho cuando doy asesorías y quiero que nos detengamos un momento a reflexionar sobre ella: nosotros no le vendemos a gente, le vendemos a circunstancias. ¿Qué significa esto? Que si un cliente en un momento específico se vio completamente imposibilitado para adquirir tu servicio o producto y por esto recibe un mal trato de tu parte, jamás volverás a saber de él. Por el otro lado, si a pesar de no haber podido cerrar la venta en esa ocasión sigues en contacto con él, agregas valor, le ofreces soluciones, en el momento en que tenga las posibilidades económicas sin duda acudirá contigo.

Si tratas a tus clientes como millonarios, te aseguro que tarde o temprano actuarán como millonarios.

Este cambio de perspectiva es muy importante para nosotros en MAS Academy, ya que una de las piedras angulares de nuestra filosofía consiste en ese valor humano, en empezar cada plática con ganas de servir desde el corazón.

En MAS Academy no creemos en las ventas dolorosas, con presión, sino en las relaciones que se establecen a través de esta interacción y la posibilidad de que éstas no se queden en una transacción de una sola vez, sino que puedan transformarse en una relación duradera que beneficie a todos los involucrados.

Nunca sabes que prospecto te abrirá las puertas para servir 1,000 veces más.

Nunca asumas, reparte tu tiempo, atención y energía con todos.

VII

"Cerrar" es cosa del pasado.

¿No te parece que la palabra "cerrar" es tremendamente ochentera? De verdad, cada que la digo siento que algo esta mal. Sin embargo, parece ser la preocupación principal de la mayoría los alumnos que tengo o la gente a la que asesoro, como si se tratara de una fórmula mágica que convierta a los clientes en un muñequito que sólo dice "sí". (¡Qué fácil sería todo!)

Ésta es una perspectiva que debes cambiar lo más pronto posible. Los Personal Sellers que yo preparo prefieren inspirar a la gente a tomar acción a través de una energía increíble y unos argumentos muy sólidos que "cerrar", cualquier día de la semana.

Cerrar, en el diccionario, es negarle acceso a algo a alguien. ¿De verdad quieres hacer eso con tus prospectos y clientes?

Esto implica cuidar todos los aspectos de tu vida. Como en cualquier ocupación, lo primero que debes resguardar es tu energía. ¿Con qué energía vas a inspirar a otro ser humano si vives a base de Cheetos, 4 horas de sueño y no hasheecho ejercicio desde la prepa?

Tienes que comer bien, dormir bien, rodearte de gente que nutra tu alma, de quienes aprendas constantemente, y, al final, vender un producto o un servicio en el que realmente creas. Cuando esas cosas se alinean tu energía cambia y logras transmitir, inspirar y obviamente ¡cobrar!

Tienes que estar listo para cualquier bola que te lance el cliente, tienes que conocer tu producto mejor que nadie, tienes que estar convencido de que su vida realmente será mejor cuando lo adquiera. Tienes que desarrollar una sensibilidad todo-terreno para poder interpretar lo que tu cliente te dice explícitamente y aquello que quiere decir entre líneas.

No puedes dar lo que no tienes y si no tienes energía biológica, ¿Cómo vas a inspirar a tus prospectos a confiar en ti?

Tu energía tiene que estar dispuesta a conectar con la energía de tu cliente: es momento de dejar de ver a los prospectos sólo como un número, como la posibilidad de una comisión, y empezar a verlos como personas cuyas vidas serán mejores gracias a lo que adquieran contigo y al valor agregado que conlleva haberse encontrado con un gran vendedor como tú.

Los tiempos han cambiado: el esquema del vendedor que "cierra y desaparece", o gente engañando o presionando a los prospectos para que firmen con presión es obsoleto. Con tantas alternativas en el mercado, lo mejor que puedes hacer es apostarle a tener una relación a largo plazo con tu cliente. Los clientes deben irse con una sensación de haber tomado una buena decisión al comprar contigo en lugar de sentir que fueron presionados.

Las ventas tienen que ser un proceso que ambas partes disfruten, una experiencia que quieran seguir repitiendo. Esta es la mejor estrategia que puedes emplear para hacer que tu plantilla de clientes crezca: las buenas noticias viajan de boca en boca y si tus clientes se sienten verdaderamente valorados y escuchados… *¡Ca-ching! ¡Ca-ching!* Vengan los referidos.

Si la vida de tus clientes es mejor después de haberse cruzado contigo, encontrarás en las ventas ese ingrediente secreto que hará de tus días algo realmente motivador y apasionante.

A lo largo de mi experiencia como vendedor y conociendo muchos vendedores con perfiles muy diferentes he aprendido que lo mejor que uno puede hacer es intentar dejar una huella positiva en las personas con quien se cruza (compren o no).

¿Por qué? Por que tarde o temprano la circunstancia de esa persona que no compro podría cambiar y tú quieres seguir teniendo una relación ahí.

Ahora, quiero que pienses en cinco maneras en las que tu producto o servicio agrega valor a las vidas de tus clientes:

1. _____

2. _____

3. _____

4. _____

5. _____

Y a partir de ahora estas cualidades serán tu fuerza, tu motor para vender. Cuando uno deja de verle el signo de pesos en los ojitos a los prospectos y comienza a ver qué es lo que está haciendo por ellos con las ventas, las cosas se vuelven mucho más humanas, el prospecto lo siente.

Ya estuvo bueno de los vendedores que abusan de la confianza de sus clientes, de los que los explotan sin tomar en cuenta todos los puntos.

VIII

**No le temo a las ventas,
me divierto con ellas.**

"El mundo de las ventas es inestable, impredecible, difícil", "Uno no vivir de las ventas es uy inestable", "Es mejor conseguirse un trabajo seguro".

¿Alguna vez has escuchado alguna de estas frases? Las ventas, para gran parte de la población, son sinónimo de inseguridad. Al ser algo cuyo funcionamiento desconocen, les parece inaccesible, inestable y complicado. La gente promedio está convencida de que las ventas es una de las últimas alternativas a las que vale la pena recurrir. La gente promedio incluso le tiene pánico a la idea de vender.

Pero, ¿Te acuerdas de lo que te dije al principio de este libro? Yo hace mucho tiempo dejé de preocuparme por lo que es verdad y comencé a ocuparme de lo que es útil para mí. Ésta, una de mis grandes máximas en la vida, ha sido un parteaguas impresionante en mi carrera en el mundo de las ventas.

Yo elijo ver el mundo de las ventas como un campo lleno de innumerables oportunidades, plagado de sorpresas, de gente increíble de la que aprendo cada vez, de experiencias llenas de aprendizaje. Para mí, las ventas son una aventura eterna, un modo de conocer el mundo en el que vivimos hoy y de poner mi granito de arena para hacer de él un lugar mejor.

Y me impresiona como llego a dar entrenamientos a corporativos y veo vendedores tradicionales que llevan 20 años en el rubro y al preguntarles que piensan sobre la palabra ventas, contestan cosas como:

"Estrés", "Inestabilidad,"No gracias" - ¡Estolodicenlosmismos vendedores! ¿Crees que puedes disfrutar algo a largo plazo con lo que tengas esas asociaciones? Claro que no, de ninguna forma.

En lugar de casarme con estas ideas que he escuchado una y otra vez sobre lo poco firme que es el piso del mundo de las ventas, decido crear mi propia perspectiva, mipropiamanerad e acercarme a él.

En lugar de continuar con el modo de manejarse de quienes llevan décadas en un mundo de las ventas que les parece rancio, del que están cada día más aburridos, que ya los ha orillado a odiar lo que hacen, decido ocuparme de la que es para mí la verdad del mundo de las ventas.

Decido trabajar para tener una dinámica brutalmente divertida con mis prospectos, para verlos a los ojos y escucharlos realmente, para ir más allá de la simple transacción y agregar valor a su vida con las herramientas que tengo.

Si trabajo realmente en enfocarme en lo que es útil para mí, en mis fortalezas y en las oportunidades que tengo para adquirir nuevas herramientas, podré cambiar mi realidad inmediata.

Moldear las ideas que hemos arrastrado desde el principio de los tiempos no es cosa fácil, pero te aseguro que vale toda la pena y el esfuerzo. Las ideas que tenemos no surgieron de la nada, sino que son resultado de un montón de cosas que hemos escuchado y repetido una y otra vez. ¿Hasta dónde podríamos llegar si empezamos a quitar las capas de esto que hemos tomado como verdad? ¿Qué encontraríamos en el centro de todo?

Esto que propongo no es cosa fácil, ya te había advertido. Cavar en las ideas o conceptos que has estado usando toda tu vida para encontrar sus raíces y poder construir algo en su lugar toma muchísima introspección y muchísimas ganas de verte en el espejo de manera crítica. Tu capacidad de cambiar las perspectivas que han marcado tu rumbo depende de las ganas que tengas de desafiar las cosas que has escuchado toda tu vida.

MAS Academy y yo estamos aquí para trabajar antes que nada en la M, de *mindset* o mentalidad. Si trabajamos en tu mentalidad, en tu manera de ver el mundo que te rodea, de verte a ti, a tus habilidades y tus carencias, a tu prospecto, al mundo de las ventas, a la labor de vender, al dinero, a la situación económica de tu país, a tus raíces, si logramos unir todas las fortalezas que tienes y dirigirlas todas hacia tus objetivos, verás que estarás en camino a una vida increíble, llena de satisfacciones, éxitos, y con mucho valor por agregar al mundo que te rodea.

Es hora de preguntarte, ¿qué quieres que signifique el acto de vender en tu vida? Piénsalo bien, al final vender es lo que tú quieres que sea.

IX

Nunca más diré que mi nicho/producto/industria es "diferente", "más difícil" o "única".

Hay un dato muy chistoso con el que me he encontrado después de mis años conociendo vendedores con ganas de aprender: todos piensan que su campo es el más difícil de todos. No importa si se dedican a vender autos, casas, aparatos de ortodoncia o aceites aromáticos, siempre habrá algo en su esfera que les haga pensar que sus clientes son los menos accesibles, su producto es el menos vendible o el mundo está en contra de ellos.

Lo escucho todos los días:
"Cris, de verdad funcionara para mi tu entrenamiento si yo vendo <INSERTAR ABSOLUTAMENTE CUALQUIER INDUSTRIA AQUÍ>? Es que hijole mano, mi industria es bien distinta".

¿Te suena familiar?

Bueno, normalmente el pensar que tu tipo de clientes, tipo de venta o tipo de industria es "extra difícil" o "totalmente diferente" viene (y disculpa que te lo diga) de llevar demasiado tiempo vendiendo en un solo nicho.

En los últimos 10 años he asesorado a todo tipo de industrias y es de risa ver como todos piensan que son únicos o diferentes pero con todos funcionan las mismas estrategias.

Y nuevamente regresamos a ese punto y disculpa que sea tan insistente pero si al acabar de leer este libro te puedo dejar con este aprendizaje clave, me doy por bien servido: de nada sirve que le eches la culpa al mundo, a la economía, a los clientes, a los astros o a tu producto de que no logras vender. Si quieres justificar tu falta de éxito con la idea de que tu industria es dificilísima de navegar, lamento decirte que estás llegando tarde: todos los vendedores han pensado eso alguna vez, y es imposible que todas las industrias sean la más difícil a la vez.

Sí, sin duda hay retos particulares de cada una de las industrias, y hay lugares para vender ciertos productos (no vamos a ponernos a vender abrigos de piel en la playa, por ejemplo). Pero al final del día, el proceso mental y emocional por el que atraviesa un cliente a la hora de sacar la cartera y darte sus billetitos o pasar su tarjetita es el mismo.

Déjame explicarte nuestro objetivo para la percepción de tu prospecto con dibujitos. Los dos elementos que tomará siempre en cuenta son el precio del producto o servicio y el bienestar o beneficio que representa para él:

Tu objetivo como vendedor es lograr que tu prospecto valore lo suficiente aquello que le ofreces (la carita feliz), aún más que el dinero. Debemos recordar siempre la pregunta eterna en la cabeza de tu cliente: ¿Y yo qué gano?

Si logras presentarle las maravillas de tu producto o servicio de tal forma que la balanza se incline más hacia su bienestar que hacia el precio que pagará, ya estás del otro lado.

Ahora, para poder hacer esto de manera exitosa hace falta echar mano de todo lo que te he estado sugiriendo en los capítulos anteriores: debes tener siempre presente que ningún prospecto es idéntico al otro, pero que cada uno de los prospectos con los que te encuentres en tu carrera te ayudará a alimentar tu experiencia y poder ser un mejor Personal Seller cada vez.

La capacidad de aprender de todas las objeciones, las preguntas y las inseguridades de tus prospectos es tu mejor herramienta para convertirte en un Personal Seller ultra-exitoso.

Hacer una compra implica todo un proceso emocional, no te dejes engañar por la *poker face* del señor frente a ti. Pero ¿Sabes qué? Las emociones por las que tienes que llevar de la mano a tu cliente son las mismas sin importar el precio, el producto o el nicho. Para que un prospecto compre lo tienes que hacer sentir exactamente las mismas cosas en todos los casos pero obvio a mayor precio estas emociones se intensifican y a menor precio, disminuyen.

Así que ya sea que le estés vendiendo chicles Trident o un Tesla, siempre habrá una pequeña balanza en su cabecita donde valúe lo que estás pidiéndole a cambio y lo que obtendrá. Está en ti y en tu habilidad para leer a tu prospecto presentarle todas las maravillas del producto para que la balanza se incline hacia el lado correcto. Recuerda siempre

Es exactamente lo mismo vender Tridents que Teslas por eso a un buen Personal Seller nunca le faltarán oportunidades.

escuchar y prestar atención completa al prospecto con el que estés tratando en el momento.

Es importante tener en cuenta que el dinero no tiene el mismo valor para todo el mundo ni para todos los tipos de mercado. Te puedo asegurar que ni siquiera ha mantenido su valor frente a ti. ¿Recuerdas cuando eras un pequeñuelo y tu mamá te daba diez pesitos para gastar en el recreo? ¿Qué significaban para ti esos diez pesos entonces? ¿Qué significaron después, por ejemplo, en la adolescencia? ¿Y ahora?

Tener esto presente se vuelve muy útil a la hora de tratar con distintos prospectos. Uno nunca debe dar por sentado que aquella persona con la que estamos hablando tiene la misma percepción del dinero que uno. Es por esto que tienes que dejarlo todo en la cancha y sacar a relucir todas las maravillas de aquello que estás ofreciendo (si tu producto no tiene maravillas suficientes, te recomiendo cambiar de producto).

Cambiar tu forma de ver tanto tu producto como el mercado en el que te mueves es clave para poder convencer a tu prospecto. Si tú llegas a la interacción con la idea metida en tu cabeza de que ese pequeño espacio del enorme mundo de las ventas donde te mueves es el más complicado de todos, puedo asegurarte que la venta está perdida de entrada. Aprende a adueñarte del ecosistema, a conocerlo y a sentirte como en casa. Te aseguro que esto te permitirá pisar más fuerte cada vez. Nunca nadie ha llegado lejos pensando que se enfrenta a imposibles.

Quiero que ahora pienses en el último prospecto que te haya dicho que no. Descríbelo brevemente:

¿Cuál crees tú que haya sido la razón por la que no compró?

¿Cómo podrías haber cambiado tu proceso de venta de manera que la balanza se invirtiera?

X

En el "no" comienza la negociación.

Si escuchar "Ahorita no, joven" es una historia de terror, escuchar el simple "no" es incluso peor. Muchos vendedores novatos quedan completamente aplastados en cuanto escuchan estas dos letras salir de la boca de su prospecto. En cambio, **un vendedor con experiencia sabe que en cuanto el prospecto le dice que no es cuando realmente comienza la negociación.**

Siempre hay una razón detrás de un no.

¿De dónde viene ese no? Si has estado lo suficientemente atento a tu prospecto, será sencillo descifrar el origen de su respuesta. Se ha comprobado que las razones más comunes actualmente son: la falta de valor en tu oferta, la falta de urgencia (sentirse cómodo con su producto o vida actual), el miedo al cambio, la falta de confianza, el ruido externo y el momento actual en el que se encuentran (recuerda que le vendemos a circunstancias, no a clientes).

Si desmenuzamos de esta forma las posibles razones detrás de un no, la respuesta se vuelve mucho menos abrumadora. Pensar en las necesidades de tu prospecto y cómo puedes, desde tu lugar de vendedor, presentarle las mejores soluciones a ellas, es el punto decisivo a la hora de vender. ¿Qué significa el no específico que estás recibiendo en este momento? ¿Cómo puedes explorarlo sin presionar demasiado a tu prospecto?

Aquí es donde entra en juego el famoso **librito de objeciones**. Cuando uno ha escuchado muchas razones distintas detrás del no, está preparado para darles la vuelta de acuerdo con las expectativas de cada prospecto. Recuerda lo importante que es escuchar atentamente a lo que te cuenten, ésta será la única forma en que encontrarás la mejor respuesta a sus razones.

Cambiar la manera de ver las ventas dándole mucha más calidad de atención a tu prospecto tendrá resultados impresionantes. Ya dejamos muy atrás esos tiempos en que el vendedor presionaba hasta prácticamente obligar al cliente a soltar su dinero. En esos tiempos, el cliente podía irse decepcionado, sentir que fue engañado o tratado sin respeto, y seguramente jamás regresaría ni recomendaría ese servicio.

Esta nueva generación de Personal Seller que estamos formando prefiere acercarse al prospecto de una manera mucho menos agresiva, moldeando así el proceso de acuerdo con lo que él o ella desea. Esta nueva generación aprende de las objeciones y escucha atentamente mientras hace lo posible para resolverlas.

Estos nuevos vendedores también entienden que hay momentos en que el prospecto no está en las condiciones para comprar el producto o servicio, pero reconoce el interés que los hizo llegar hasta su encuentro. En lugar de desechar el vínculo con sus prospectos, este nuevo vendedor procura darle seguimiento a la relación a través de las incontables herramientas que tiene a la mano. Se pregunta cómo agregar valor a sus vidas, cómo permanecer presente. Sabe que, en el momento en que ese prospecto esté listo para dar el paso y hacer la compra, acudirá a él. Nada cae en saco roto.

El cambio más radical, más revolucionario que hemos impulsado desde los inicios de MAS Academy (en especial con nuestro programa *Selling Through Service*™ y la certificación de **Personal Seller**) ha sido recuperar la dimensión humana del mundo de las ventas. Los prejuicios que se han ido acumulando durante décadas sobre los vendedores, ese rechazo general que hay y las actitudes defensivas frente a ellos no salieron de la nada: durante generaciones y generaciones, los vendedores se convirtieron en seres indeseables a los que hay que huirles.

Nosotros llegamos para cambiar esta perspectiva y hacer de las ventas un proceso que todos disfrutemos, un viaje que nos traiga ganancias y buena onda a   todos   los   involucrados.

XI

Hasta en las crisis hay oportunidad.

Como ya sabes, yo nací y crecí en el paraíso, también conocido como Cancún, Quintana Roo, México. Todo era muy bonito y muy feliz hasta que la "tragedia" nos alcanzó en 2005 en forma de un huracán llamado Wilma. Este huracán se estacionó durante tres (sí, TRES) días enteros llevándose consigo prácticamente toda la ciudad. Destruyó hoteles, casas, caminos, nos quedamos sin luz ni agua: el paraíso quedó en ruinas.

Los días que duró el huracán fueron brutales, pero lo realmente terrible llegó después: ¿cómo sobrevivir cuando se destruye un lugar que depende completamente del turismo? Mucha gente tuvo que irse de la ciudad, muchos otros tuvieron que buscar soluciones mientras la economía se reactivaba.

Mi mamá, por ejemplo, después de entrar en shock decidió irse unos meses a Tabasco a vender para poder seguir manteniéndonos. Ésa fue su solución al golpe terrible que recibió nuestra querida ciudad y siempre la admiraré por no ver "quedarse congelada" como una opción.

Sin embargo, la persona que realmente me sorprendió fue un vecino que, al día siguiente del desastre, se puso a vender playeras que decían **"Sobreviví a Wilma"**. Me pareció un genio el tipo: me enseñó que durante la crisis tienes de dos, sentarte a llorar o ponerte a vender pañuelos (por más cliché que suene).

Si eres latino sabrás que hemos escuchado sobre la crisis del año durante todos los años de nuestras vidas. Nacimos en crisis, vivimos en crisis, muy probablemente moriremos en crisis. Y sí, sé que esto puede sonar horriblemente fatalista, pero en realidad está dirigido hacia el lado opuesto. ¡Los latinos crecemos aún con la crisis! Somos increíbles.

Ni tú ni yo podemos controlar la crisis que hay en la economía de nuestros países, pero sí podemos controlar cómo le plantamos cara a esa crisis.

En lugar de derrotarnos por lo que oímos en las noticias, tendríamos que explorar las posibilidades que hay en estos tiempos. La crisis también trae oportunidades, queda en ti saber encontrarlas y sacarles todo el provecho posible.

Siempre lo he dicho: un Personal Seller demuestra su corazón en tiempos adversos. Cuando la economía está pasando por tiempos difíciles, tiene que entrar en juego tu ingenio y tu inteligencia para poder presentar tu producto o servicio y demostrarle al mercado que eres la mejor alternativa que tienen. En tiempos de dolor, confusión y necesidad, tú tienes la posibilidad de buscar soluciones que le agreguen valor a la vida de la gente, que les traigan un poquito de bienestar y mejoren su calidad de vida.

Si tienes la sensibilidad de escuchar a la gente que te rodea, de detectar dolores y necesidades, y de presentar soluciones que sean humanas, benéficas y valiosas, la crisis te hará los mandados.

Un vendedor promedio se ahoga en las crisis o en los momentos duros, un Personal Seller nace de ellos una y otra vez.

En tiempos de crisis puedes decidir tirarte a llorar viendo las noticias y echándole la culpa a la cuarta transformación, a Trump, a tus padres, a tus hijos, a la devaluación del peso, a la corrupción, a los impuestos, etc..., o puedes analizar con más inteligencia el panorama e inventarte una estrategia para surfear esta ola y salir muy bien librado de ella.

Cambiar la manera en que ves el mundo es algo revolucionario. Muchos te tirarán de loco, pero descubrirás lo impresionante que es el empoderamiento que viene cuando tomas las riendas de tu propio desarrollo y dejas de tirarte a ver la crisis pasar desde tu sillón.

Quiero que ahora pienses en las cosas de las que la gente a tu alrededor se queja más comúnmente:

1. _____

2. _____

3. _____

4. _____

5. _____

Ahora, quiero que pienses en maneras de darle la vuelta a esto involucrando las ventas. Por descabelladas que suenen. Este ejercicio de imaginación es una manera de activar la creatividad de tu mente, es un ensayo para algo que deberías estar haciendo en tu mente constantemente.

1. _____

2. _____

3. _____

4. _____

5. _____

XII

Un Personal Seller es "alfa".

He corregido millones de veces conversaciones de vendedores que empiezan con "Disculpa que te moleste...", "Te juro que solo te robo un minuto", "Es rápido, lo juro" - O cualquier otra frase que parezca una disculpa al simple hecho de ser un vendedor.

¡Nunca uses esas palabras! No tienes por que pedirle perdón a tu prospecto ni por que asegurarle que no le vas a robar "demasiado" tiempo. Sé que juras que lo haces para sonar amable pero en vez de eso estas sonando "BETA" y ser BETA no vende.

Te explico: En ventas hay dos tipos de energía, ALFA y BETA. La energía alfa es la líder, la admirable, la que practica el amor con desapego y el servicio con la frente en alto. La energía beta es la sumisa, la fácil de controlar, la que practica el amor con urgencia y necesidad y el servicio con la frente abajo.

¿Con cuál de estas dos energías te gustaría hacer negocios a ti? ¿A cuál de las dos energías le confiarías tu dinero? ¿Con cuál de las dos energías te gustaría rodearte por muchos, muchos años? ¿A cuál de las dos te gustaría presentarle a tus amigos y relaciones cercanas?

La respuesta es obvia, a la energía alfa y esto conecta con lo que te dije al principio; nadie quiere hacer tratos con alguien que no los divierte, los hace sentir bien o a que admiran.

Todos nos hemos encontrado alguna vez con ese vendedor del que sentimos que tenemos que escondernos. Ese vendedor que le da una pésima reputación al mundo de las ventas porque no sabe aceptar un no y, peor aún, no escucha las razones que respaldan ese no. El es beta (aunque muchas veces se sienten alfa).

Los vendedores que persiguen a su prospecto son tan de los ochenta que me sorprende seguírmelos encontrando por ahí. Quiero creer que son una especie en extinción y que en algún momento se habrán convertido en un triste recuerdo de la prehistoria.

Un Personal Seller de hoy sabe que, así como te pasaba con la chica que te gustaba en la secundaria y que nunca te hizo caso, correr atrás de su prospecto no lo llevará demasiado lejos, uno sólo termina humillado, solo y derrotado. Es lo mismo con empezar las conversaciones sintiendo que tú o tu tiempo valen menos que el de tu prospecto.

Las ventas no son carreritas, son un camino de resistencia. Hablar con un prospecto, escucharlo, darle seguimiento, resolver sus dudas, agregarle valor, todas son maneras de invertir en tu negocio. Tu tiempo es lo más valioso que puedes darle a alguien, no lo desperdicies en perseguir gente ni le restes valor con tus palabras o actitud, por favor.

Otro gran cambio de perspectiva que debes adoptar es dejar de pensar que estás dándole seguimiento a la venta solamente, a la transacción monetaria: **llega mucho más lejos quien asume que le está dando seguimiento a la relación.**

Los prospectos detectan inmediatamente si tú vas directamente hacia su dinero, y a nadie le gusta sentirse utilizado. Si, en lugar de esto, lo que haces es realmente prestarles atención, escucharlos, procesar sus necesidades y expectativas, verán que lo que les ofreces es mucho más que un intercambio simple. Querrán regresar contigo, te recomendarán con sus amigos.

En lugar de ser un vendedor insoportablemente insistente, debes aprender a dar un seguimiento que sea amablemente persistente, un seguimiento personalizado. Debes encontrar maneras de seguir presente en sus mentes para que, cuando sea el momento de hacer la compra, sea contigo con quien acudan.

Los tiempos en que uno quemaba prospectos por la desesperación y en un instante ya se había ido con el siguiente se sienten cada vez más lejanos. Al contrario, hoy lo que puedes hacer es depositar periódicamente atención en la cuenta bancaria emocional de tu cliente. Mantente presente, ofréceles beneficios que no estén directamente ligados con una compra, préstales atención.

¡Y esto hasta lo puedes automatizar utilizando Internet! (De eso hablo en la Certificación Personal Seller, es pésima idea hablar de marketing digital en un libro impreso, cambia demasiado rápido).

De esta manera, cuando sea el momento de hacer una llamada de seguimiento, no se sentirán completamente utilizados por ti, te puedo asegurar que hasta les dará gusto saludarte.

¿No suena todo esto mucho más amable y llevadero que ser el vendedor al que no le contestan el teléfono o del que se esconden cuando se lo encuentran? Tu tiempo, tu energía y tu atención es igual de valiosa que la de tu cliente, solo tienes que creértela.

Demuéstrales que tu servicio viene cargado de calidad humana, que te interesa realmente escucharlos y ayudarles a encontrar la mejor alternativa dentro del mercado.
Compárteles esta nueva manera de ver las ventas, conviértete en un Personal Seller y verás que poco a poco te irán tratando mejor, llegarán más a tiempo a las citas, tendrás más negocios y muchos más referidos.

¿Y lo mejor? Te la pasaras increíble.

XIII

No le vendas a la mente…
Véndele al corazón desde el corazón.

Una de las grandes quejas del mundo en general frente a los vendedores es el hecho de sentirse utilizados o engañados. Hemos pasado demasiado tiempo en la historia pensando que vender es un acto ventajoso, que es aprovecharse del otro. Las cosas no pueden seguir siendo así: un gran vendedor no se preocupa solamente por su beneficio, al contrario: intenta con todas las herramientas que tiene a la mano hacer que la experiencia sea lo mejor para todos los involucrados.

Ver el acto de vender como si estuvieras quitándole un dulce a un bebé indefenso y cachetón vuelve completamente posible que lo hagas con amor. Hay muchos problemas con esta forma de ver las cosas y es aquí donde entran en juego todos los mandamientos del **Personal Seller**: De entrada, se trata de una idea donde piensas que tu cliente es un tarado a manipular, como si éste no tuviera poder de decisión, como si la venta se hiciera a toda costa, a pesar de él y no en beneficio de él.

Por otro lado, eso colocaría al vendedor en una posición de depredador, como si se tratara de una cacería donde hay que echar mano de todas las herramientas, buenas y malas, para atrapar a la presa.

Vender es quitarle dolor a la vida de la gente, eliminar parte de su sufrimiento cotidiano.

Es probable que en el pasado esto haya sido suficiente, pero ya no es así. Hoy en día, es indispensable entender que vender es acercar a la gente al placer, a sus sueños, a sus metas.

Y es por eso que nuestro mantra principal en MAS Academy es que hoy ya no es suficiente "venderle a la mente", hoy es necesario vender al corazón desde el corazón. ¡Y sí! Se que suena cursi, pero hay una definición brutal de este concepto que ya te explique al principio.

¿Vender al corazón? Me refiero a entender que no solo la mente controla el proceso de decisiones del ser humano. De hecho muchas de nuestras emociones han sido recientemente vinculadas más a algo que los científicos llaman "el primer cerebro" que nunca adivinarías con que nombre tu lo conoces.

¿Quieres adivinar? Bueno, te digo… **Tu intestino.**

"Cris, estás loco" seguro estas pensando pero te invito a investigar. Tu intestino a parte de que si lo extendieras sería del tamaño de una cancha de tenis, dentro alberga millones de microorganismos que son como pequeños inquilinos dentro de tu cuerpo. Estos "inquilinos" por llamarlos así y el hogar de estos inquilinos (tu intestino) tienen 9 veces más vías hacia el cerebro que el cerebro hacía ellos.

De nuevo, no me creas a mi, pero investígalo, cientos de científicos han ido comprobando estas teorías poco a poco. Así que hasta creer que solo las "neuro-cosas" tienen la razón es estar muy ciego.

De igual forma científicos han empezado a descubrir el funcionamiento científico detrás de lo que los seres humanos llamamos "intuición". Ese sentimiento interno de que algo esta bien o esta mal, ¿Te ha pasado? No sabes que es, no es algo tangible, pero sabes que te esta diciendo algo.

¿Y la otra cosa qué sabes? Es que normalmente se siente en el abdomen. Los americanos lo llaman tener un "gut-feeling" (sentimiento de estómago), a veces tú has dicho cosas como "mariposas en el estomago", ¿Y adivina quién esta justo en esa misma área? Tu intestino.

Así que la intuición, el intestino, el cuerpo entero están involucrados en como nos sentimos, que hacemos y finalmente que compramos o no compramos. Y para mi la mejor metáfora que existe es llamar a esto venderle al corazón, a algo más integral que solo al cerebro.

"Ah ok, ya entiendo lo de venderle al corazón, pero, ¿Desde el corazón?"

La segunda parte de nuestro mantra es la que filtra. La que hace que los vendedores promedios nos odien y se alejen y que solo los que tienen el potencial de ser un Personal Seller se acerquen y se sigan entrenando con nosotros.

¿Por qué? Por que en los últimos años han existido demasiados vendedores que se olvidaron de lo esencial, se volaron mentalmente y perdieron los pies del piso. Se les olvido que vender es servir. Se les olvido que debes de poner primero ayudar y que el dinero es una consecuencia del mismo.

Ahora, solo entender eso no te hace un Personal Seller.
De hecho, solo leer este libro no te hace un Personal Seller.
Este libro es la introducción obligatoria a un mundo profundo lleno de técnicas, auto-descubrimiento, filosofías, impacto y dinero.
Leer esto y aplicar "esto" son dos cosas totalmente distintas.

Por que lo que quiero que entiendas es que, ¿para qué vender algo si esto no hará que tu cliente crezca con esa venta? Vender no es aprovecharse del otro, es vivir de quitarle dolor a la gente. ¿No suena increíble?

Quiero que al cerrar este libro estés listo para vender desde el corazón, para dejar atrás cualquier idea tonta y antigua sobre lo que era vender para ti y lleno de creencias e ideas útiles, muy útiles, que te acerquen a tus sueños.

Y por si no ha quedado claro hasta ahorita aquí te dejo algo que llamo "La Pirámide de un Personal Seller", que es básicamente la máxima definición de lo que vender es. Internaliza todo esto, créelo hasta sentirlo y tu vida cambiará para   siempre.

Vender es **DAR**...
Vender es **INSPIRAR**...
Vender es alejar del **DOLOR**...
Vender es acercar al **PLACER**...
Vender es alzar la mano por **ELLOS**...
Vender es conectar con **ABUNDANCIA**...
Vender es la expresión de **AMOR** más grande.

Todo empieza por cambiar lo que traes adentro, ampliar tu contexto y prepararte para dar más al mundo, para servir más. Si logras escalar tu capacidad de dar por ende es inevitable que escale tu capacidad de recibir.

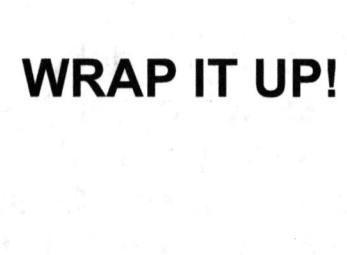

WRAP IT UP!

Si llegaste hasta aquí quiero felicitarte, has dado un paso muy importante rumbo al éxito. El conocimiento es poder en potencia, y mientras más leas, más investigues y aprendas, más éxito vas a tener pero solo si tomas acción.

Una vez que la ruedita del aprendizaje está girando es imposible detenerla. (Si quieres profundizar más en alguno de los temas, te aconsejo que entres a nuestra página web para conocer las opciones que te ofrecemos en MAS Academy, sin duda encontrarás cosas increíbles en www.crisurzua.com y en www.mindsetandskills.com)

Ahora que hemos atravesado por estos trece diferentes nuevos mandamientos para convertirte en un verdadero **Personal Seller** quiero que voltees a ver la manera en que tú mismo has navegado por el mundo de las ventas. Quiero que te preguntes cuáles de estos ya implementas en alguna medida y cuáles de ellos son completamente nuevos. Quiero que reflexiones profundamente sobre lo que vas a hacer con ellos.

Mi objetivo principal con este libro es cambiar el paradigma antiguo de que vender es algo terrible. Quiero que esto que hacemos para vivir se convierta en algo que disfrutemos. Quiero que sea un proceso de continuo disfrute y aprendizaje. Quiero que estés orgulloso de presentarte como vendedor cuando conozcas a alguien nuevo. Quiero que encuentres en las ventas una manera real de hacer de este mundo, de tu mundo, un mejor lugar.

TODOS QUEREMOS AMOR

Cuando uno está enamorado siente que puede con el mundo entero, que es invencible. Más allá de la razón, de la cordura, lo que verdaderamente mueve al ser humano son los sentimientos, eso que sucede en nuestros corazoncitos.

Como vendedor siempre tienes que estar consciente de que estás tratando con personas, con corazones. No hay manera de vender éticamente si no es desde la empatía, si no hay una verdadera preocupación por la persona que está frente a ti. El vendedor tiene que ser impulsado por la inteligencia emocional, por las ganas de ser siempre un ser humano.

Yo lo tengo muy claro: no quiero vender para sobrevivir, quiero vender para poder dar más, para dejar verdaderamente un legado. No quiero que mi paso por este mundo quede desapercibido.

¿Te has puesto a pensar alguna vez en cuál es tu objetivo durante el tiempo que estés en esta vida?

¿Recuerdas la historia que te conté en el principio de este libro? El camino no fue sencillo para mí, no la tuve fácil, pero tampoco soy un mártir y tú tampoco. Pero cuando decidí hacer la transición de pensar de la misma manera en que todos piensan y cambié mis paradigmas antiguos he podido dominarlos. Cambié mi manera de ver el mundo y mi mundo cambió en consecuencia.

No te digo que este camino se termina habiendo leído este libro, adoptar estos mandamientos, convertirte en un **Personal Seller** increíble, es un trabajo continuo, que con este libro apenas empieza.

No faltará jamás tu encuentro con algún compañero que comparta puntos de vista fatalistas o pesimistas sobre el mundo de las ventas o el mundo en general. De ti depende que mantengas lo que te sirve y transformes lo que no te sirve.

¿Y AHORA QUÉ SIGUE?

Hay un hecho muy jodido que he comprobado a lo largo de los años. La mayoría de la gente que lee un libro, va a un curso o ve un webinar, tarda mucho en aplicar lo aprendido o de plano nunca lo lleva a la práctica. Para mí es muy importante que tú, quien está leyendo esto, realmente tomes acción sobre lo que has aprendido en este libro.

En MAS Academy nos hemos dado cuenta de que hay una cosa que nunca se va a poder automatizar y eso es la conexión humana. Cuando las cosas son delicadas, cuando existe una emoción detrás, las cosas adquieren un valor mayor. Una computadora, una máquina, jamás podrán dar ese valor que tú puedes dar como ser humano que también está en busca de satisfacer sus deseos y necesidades, de tener siempre una vida mejor.

Los clientes y prospectos buscan sentir confianza, y nada transmite más confianza que la calidez de tener un ser humano frente a ti, hablándote con toda la honestidad y empatía posibles. Mira a tus clientes a los ojos, escúchalos, préstales tu completa atención en el rato que estés con ellos. En tiempos donde la rapidez es más importante que nada, es valiosísimo ofrecer vínculos fuertes y profundos con la gente que acuda a ti. Nunca olvides que si están frente a ti tienes la posibilidad de quitarles dolor de sus vidas a través de tu producto o servicio.

Estamos viviendo en tiempos donde la interacción humana se está transformando. A través de pantallas, de procesos automatizados, de tecnologías, las relaciones entre seres humanos son cada vez más frías y efímeras. Los cambios en estos modos de relacionarnos hacen cada vez más urgente que como vendedores nos preparemos para enfrentarnos a ellos.

Lo único que un vendedor puede ofrecer en estos tiempos para ser la mejor opción es su calidad humana, la confianza y el vínculo que harán que tu cliente acuda contigo en lugar de ir a Amazon o a cualquier otro portal manejado por una máquina.

Tu ventaja es la capacidad de vender ideas, de vender metas, de venderte a ti como persona. Trabajemos por garantizar de esta forma tu relación con la abundancia en todos los aspectos de tu vida. Saber vender es la mejor manera en que puedes conectar con la abundancia tanto económica como emocional.

UN GRAN PODER CONLLEVA UNA GRAN RESPONSABILIDAD

El tío Ben (de Spiderman, sí) lo sabía mejor que nadie.

Si estás en la posición de convertirte en un Personal Seller tienes en tu poder algo que el cliente necesita para hacer de su vida algo mejor. No abusemos de ese poder, encontremos a través de él una manera de hacer de la vida de tu cliente algo mejor. Un gran vendedor está consciente de este poder y lo ejerce con empatía. Las ventas no deben ser un proceso doloroso, deben ser un proceso que quite el dolor de las vidas de los involucrados.

Estoy muy comprometido con el cambio de perspectivas en el mundo de las ventas porque creo firmemente que es la única manera en que todo este mundo sea mucho más amable con todos los que interactuamos en él. Clientes y Personal Sellers existimos gracias al otro, ¿qué mejor que dar todo lo que está en nuestras manos para hacer de esta relación algo que dé frutos increíbles?

No hay razón por la que esto no pueda ser un WIN-WIN para todos. Convertirte en un **Personal Seller** no sólo será benéfico para tu cliente, hará que tus ganancias se tripliquen —al menos— y tu experiencia sea mucho más apasionante.

Toma ese gran poder que tienes y vuélvelo aún más grande vendiendo desde el corazón, verás que así te comprarán desde el corazón. **Nunca olvides que vender puede ser, de verdad, la mayor expresión de amor en el mundo. Seamos vendedores a corazón abierto, nada menos que eso.**

¡Ah! Y antes de que cierres el libro…

Te dejo una misión final: Búscame en tu red social favorita y mándame un mensaje que diga: "¡Cris! Termine "Mata al Vendedor" y aprendí esto…. " y cuéntame exactamente qué aprendiste. Si me sorprende tu historia te juro que te regalo un boleto para alguno de mis eventos en vivo y así poder conocernos.

El viaje apenas empieza y empieza con esta misión:
Así que… ¡Ve y búscame!

www.ingramcontent.com/pod-product-compliance
Lightning Source LLC
Chambersburg PA
CBHW070350220526
45467CB00001B/315